JN243627

Method of Consultanting Dialogue

特別版
年間報酬3000万円超えが10年続く
コンサルタントの対話術

経営コンサルタント
ビジョナリーパートナー
和仁達也
Tatsuya Wani

かんき出版

はじめに

成果を出す
コンサルタントは
「対話の型」を
持っている！

コンサルティングとは
言葉を「武器」にする仕事である

コンサルタントの仕事は、突き詰めれば**「言葉を使って人に影響を与え、成果をもたらし、報酬を得る」というシンプルな行為**です。

つまり、特別な道具を使うわけでもなく、資格がなくてもやれるビジネスとあって、誰でもその気になれば参入できます。そのため、コンサルタントを名乗る人は年々急増しているようです。

ところが、ちゃんと納得の報酬を得て1年、3年、10年と継続できるコンサルタントはごく一握りで、過半数のコンサルタントは、「いかに顧客を獲得するか」「いかに顧問料を上げるか」に悩み、日々の生活で精一杯で、目の前のクライアントの成果向上だけに専念できない不安な日々を送っています。

僕は近年、コンサルタント向けの養成塾や合宿を行い、300人以上のコンサルタントを見てきて気がつきました。

成果を出すコンサルタントと停滞しているコンサルタントの違いは、能力の差でも知識量の差でもないと。

その違いを直接的にもたらしているのは、**「対話の型」の有無**だと。

そんなことを言うと、「対話⁉　口先だけのテクニックでコンサルタントの優劣が決まるわけがない！　もっと人格や人柄など、大切なものがあるんじゃないか？」と批判を受けそうです。

まあ聞いてください。

「相手を動かす言葉」を選び、口にする人には、それができるだけの理由があります。その理由とは、次の２つを持ち合わせているからです。

①他の人が見落としていたユニークな着眼点

②そのセリフを躊躇せずに言えるマインド

この２つを事例で説明しましょう。

たとえば、コンサルティングを販売する営業のクロージングにおいて、相手に「私とコンサル契約を結びますか？」と直接的に聞く人がいます。これはよほど自信がある人以外は勇気がいる言い回しです。

なぜなら、「NO」と言われる可能性があるからです。「NOと言われたら、その後の相手との関係をどう取り繕うか」なんて考えると、モジモジしてクロージングできない、という人も少なくありません。

それに対して、こんな言い回しをしたらどうでしょうか。

コンサルトーク

「（ここまで話してきた対策の方向性を）社長がお一人でおやりになってもいいですし、私のような専門家の力を活用して二人三脚でやる道もあると思います。どちらがお望みの状態に早く近づきそうですか？」

実際に言ってみるとわかりますが、この言い回しなら、モジモジせずに堂々と言えます。

なぜなら、相手の答えは**「YESかNOか」という〝受容か拒絶〟ではなく、「A**

か B か」という〝二者択一の選択〟なので、〝拒絶された感〟が極めて低くなるからです。

しかも、それはコンサルタント側だけでなく、返答する相手側も気を遣わずに済み、正直になれます。この目のつけどころが**「①他の人が見落としていたユニークな着眼点」**です。

そしてそのときの、売り手側のマインドは次のようなものです。

（私は、決して自分のコンサルを押し売りしたいわけではない。世の中には自力でやっていける人もたくさんいるから、もしあなたがそのタイプの人なら、ご自身でやっていかれたらよいでしょう。

しかし、第三者の力を活用して二人三脚で取り組むことで、掛け算的に成果を加速させられるタイプの人もいる。なので、もしあなたがそういうタイプで、しかも私と相性が良く、投資効果が高そうと判断された場合にだけ、コンサルティング契約を締結したい。

つまり、あなたのメリットとこちらのメリットが一致して、ちゃんと成果イメージを共有できた場合に限り、コンサル契約をしたい）

このような、言葉にはしていないものの「**②そのセリフを躊躇せずに言えるマインド**」を持っている人だけが、口先だけでなく心からそのような言葉を選び、実際に口にできるのです。

さて、前作『〈決定版〉年間報酬3000万円超えが10年続くコンサルタントの教科書』(小社刊、以下『コンサルタントの教科書』とする)では、コンサルタントとして顧客にとって重要な存在として認識され納得の報酬が得られるポジショニングと、「パートナー型」コンサルティングという「あり方」、そしてビジネスモデルの作り方についてお伝えしました。

そのなかで多くの読者から「営業段階から実際のコンサルの現場まで、具体的にどんな話をしているのか、その生々しいところを知りたい」とのリクエストを多くいただいたのを受け、本書では成果をあげるコンサルタントの対話術を完全公開します。

しかも、単にクライアントとの対話を表面的に紹介するだけではなく、「**①他の人が見落としていたユニークな着眼点**」と「**②そのセリフを躊躇せずに言えるマインド**」もあわせてお伝えし、読者の方が応用しやすいように作り込みました。

前作でも読者から「ここまで公開しちゃっていいんですか⁉」と心配されましたが、今回も参加費38万円のコンサルタント養成塾でお伝えしているノウハウを出し惜しみなく公開していきます。

さらに、本書を執筆するにあたり、次の方針を立てました。

①前作を読んでいない人でも、楽しく読み進められて成果が出せること
②コンサルタントが、営業段階とコンサルの現場のどちらでも成果を出せること
③リアリティのあるコンサルティングの事例をふんだんに盛り込むこと
④コンサルタント以外の一般ビジネスパーソンにも十分活用できる、普遍的な知恵を伝えること

よって、読者は「考え方はわかった。では、具体的にどうすればいいのか？」という葛藤がなくなり、読後すぐに行動に移りたくてたまらない状態になることでしょう。
そして、本書を読むことで、営業段階においては、

「いかに即決してもらうか？」

「いかに納得できる報酬をいただくか？」

その具体的な対話術がわかります。そして、それだけでなく、契約後のコンサルティングの場面でどのように伝えれば、

「相手が提案した通りに動いてくれるのか？」

がわかり、その結果として、

「いかにビジネス関係が長く継続するか？」

という秘訣を手にできることでしょう。

たまに、「これは、営業で使えますか？ それとも、コンサルで使えますか？」という質問を受けることがあります。しかし、僕にしてみれば、**営業で使えるメソッド**

は、コンサルでも使えます。

なぜなら、「言葉を使って人に影響力を発揮して、行動を引き起こし、成果を出す」のは、営業でもコンサルでも同じだからです。そして本書にはその両方で使えるネタが満載です。

したがって、みなさんが本書で紹介する「メソッド」をマスターしてフル活用することで、営業力とコンサル力の両輪が、今よりさらに一段ステージアップすると、僕は信じています。

読者が本書から得られる5つのこと

具体的には、次の5つの「メソッド」について、僕が実際に体験してきた例を多数織り交ぜながら、「成果を出す対話術」を余すところなく紹介していきます。

(1)新規営業で、何をどの順番でしゃべればよいか?

和仁自身が27歳でコンサルタントとして独立したばかりの時期、初回の訪問で、

「月額15万円のコンサル提案をして10社中４社の即決を勝ち取った」90分の対話の中身を公開します。

そこで何を聞き、何を伝えればよいか。そして、適切な順番とは？

実際のトークの言い回しをリアルなストーリーに乗せて、その対話の根底に流れるマインドとあわせて解説します。

なかでも、「相手のお困りごとを解決するシナリオを一緒に導き出す対話の型（＝ビジョナリーコーチングによる４ステップ。詳しくは54ページ以降参照）」を伝授します。これは、営業だけでなく、コンサルの実務においても便利に使える「対話の柱」となるものです。

(2)サービスに満足を与える「前置きトーク」の組み立て方がわかる

「顧客がサービスに満足するか不満を抱くか」の決め手は、実は品質の良さではありません。どんなに品質が悪くても、それを承知で喜んで商品やサービスを買う人は実在します。

では、顧客は何をもとに満足や不満を感じるのでしょうか？

それは、「事前期待と比べて上か下か」です。つまり事前期待より実際のサービスが上回れば満足だし、下回れば不満を抱くのです。

それを本書では「事前期待のマネジメント」と呼んでいます。

その事前期待をマネジメントする上で大切な対話の秘訣が、「前置きトーク」です。

たとえば、味はとても美味しいのですが、接客がイマイチな蕎麦屋に友人を招待するとしましょう。

コンサルトーク

「このお店、正直言って、接客はあまり期待しないでください（笑）。ご主人が味にこだわり過ぎるあまり、ほかのことまで気が回らないのだと思います。ただ、そのぶん味は絶品です！　保証します」

この「前置きトーク」があるだけで、友人はその蕎麦屋の接客にガッカリするリスクは小さくなるでしょう。

(3) 相手から思わず本音を引き出す「誘い水トーク」をマスターする

コンサルティングにおいては、クライアントから本音を引き出し、その答えをもとに解決策を導き出す場面が多々あります。しかし、実力のないコンサルタントはクライアントから本音を引き出せないばかりか、踏み込んだ質問や答えにくい質問に逆ギレされて、

「なぜそんなことをあなたにしゃべらなきゃいけないの？」

と不信感を抱かれ、関係がギクシャクすることもあります。

その原因の多くは、「唐突な質問」だったり、相手が答えを導きだすプロセスを端折った「大き過ぎる質問」を投げかけることにあります。

一方、対話をエレガントに進めて、相手から自然と本音を引き出すコンサルタントは、「相手に考える時間の猶予」を与えつつ、「答えを探すヒントとなる誘い水」をタイミングよく投入します。僕はこれを「誘い水トーク」と呼んでいます。

たとえば、まだ関係性がきちんとできあがっていない段階で「子どもの頃に描いていた、将来の夢は何ですか？」なんて突然聞かれたら、不信感や違和感を抱くかもしれません。

一方で、次のような「誘い水トーク」が添えられていたら、印象はどうでしょうか。

コンサルトーク

「私がコンサルをする時、クライアントに『子どもの頃に描いていた、将来の夢は何ですか？』と尋ねることがあります。それは、その人のモチベーションを上げるヒントがそこに隠れていることがあるからなんですね。ちなみに、私の場合は、『カッコいい社長になる！』が夢でした。それで自分で気づいたんですが、私の価値基準は、『カッコいいか、どうか』で、それは実は子どもの頃から変わっていなかったんです。ちなみに、●●さんが子どもの頃に描いていた、将来の夢は何でしたか？」

このように、自分のことを先に事例としてしゃべることで、相手がしゃべりやすくなります。これが「誘い水トーク」です。

(4)いらぬ誤解を予防する「意図や背景の言語化」をマスターする

コンサルタントとクライアントの関係に限らず、人付き合いにおいて余計な摩擦を起こす人の多くは、その真意が相手にちゃんと伝わっておらず、誤解を生んでしまうケースがほとんどです。

なぜそのような誤解が生じるのか？　その原因は、意図や背景を伝えていないからです。

たとえば、コンサル契約が始まった初期段階で、クライアントの給料や家族構成などプライベートなことに踏み込んだ質問をしたとしましょう。

人によっては、「なんでそんなことを聞かれるのか？」と不審に感じるかも知れません。

一方、前置きトークとして、

コンサルトーク

「私とのセッションでは、なるべく的を射た解決策を導き出すために、ビジネスのことだけでなくプライベートなことなど、踏み込んだことをお尋ねする場合があります。よろしいでしょうか？」

と一言断っておけば、ほとんどの場合、「もちろんです」と快諾されます。

仮に（10人中1人くらいでしょうが）心配そうにしている人がいれば、さらに次のように言い添えれば良いでしょう。

コンサルトーク

「それは、私の長年の経験から言えるのですが、クライアントの悩みの本質が、実は本人が口にしていることとは別にあるケースが大半で、その背景に解決の糸口が隠れている場合があるからです。ただ、どうしても言いたくないことがあれば、もちろんそのようにおっしゃっていただければそれ以上はお聞きしませんので、安心してくださいね」

要するに、**コンサルタントが単なる好奇心で尋ねているのではなく、ちゃんと必然性があってプライベートについて質問しているのだ**、ということが伝われば相手は気持ちよく対応してくれるものです。

(5)ビジネス関係が長く継続する秘訣がわかる

コンサル契約が3カ月から半年で終わるコンサルタントと、1年を超えて、3年、5年、それ以上に契約が長期継続するコンサルタント。その両者の違いは何か。

つまり、コンサルティングにおいて関係が長く継続する秘訣は、何なのでしょうか?

「コンサル報酬に見合った成果があるから」
「自社の弱いところを補ってくれるから」
「行動面だけじゃなく、会社のお金の動きにも関わるから」

たしかにそれらは大切なことであり、クリアできていれば、クライアントから感謝されます。ところが、契約が長く続くかどうかは実は別問題だったりします。

契約が長く続くか否かを決めるカギは、一言でいうと「どこにフォーカスしているか」、すなわち〝着眼点〟の差です。

実際に、能力も高く、正しい提案をし続けているのに、1年未満で契約が終わるコンサルタントを僕は何人も見てきました。

・長く付き合うほどに高まるコンサルタントの価値とは何か？
・クライアントがコンサルタントに見せて欲しいと望んでいるものとは何か？
・知識提供型の「カリキュラム目線」からの脱却法とは？
・長く契約が継続することで見える世界とは？

これらについて、本書の最後にお伝えしていきます。

＊　＊　＊

本書では、以上の5つのメソッドを通して、言語化スキルで顧客に影響を与え、成果を上げるコンサルタントの対話術をマスターしていただきます。
そのことによって、納得の報酬を得ながら契約が長く続くコンサルタントの道にみなさんをご案内します。

2015年7月

和仁　達也

※なお、本書でいう「年間報酬3000万円」とは、独立系コンサルタント1人（ほかにパートアシスタント1人程度）が各種コンサルティング活動（個別コンサル、グループコンサル、セミナー、講座、教材など）から得る年間収入を指しています。

特別版 年間報酬3000万円超えが10年続くコンサルタントの対話術◉目次

プロローグ 0

心の準備

能力は違わないのに、対話術で年収が変わる本当の理由

Chapter 1

新規営業時

顧客の本音を引き出し、即決を促す対話術

Chapter 2

コンサル開始時

コントロールしないのに相手が勝手に動き出す仕組みを作る

Chapter 3
課題の深掘り
「本人も気づいていない問題の核心」を引き出す質問術

Chapter 4

ペースを握る

相手を安心させ、信頼を積み上げる「前置きトーク」

Chapter 5

対話で解決

「聞くよりしゃべりたい衝動」との付き合い方

Chapter 6

落とし穴

コンサルタントが対話で「やらかした」事件簿

Chapter 7

長期契約締結

気づきを与え、信頼と尊敬を得る着眼点の見つけ方

おわりに

カバーデザイン：井上新八
オビ写真提供：Indeed／gettyimages
本文デザイン：新田由起子（ムーブ）
本文ＤＴＰ：川野有佐（ムーブ）

プロローグ

能力は違わないのに、対話術で年収が変わる本当の理由

心の準備

稼ぐコンサルタントは対話が違う！社長の深層心理を知っている

コンサルタントには、そのアプローチ法の観点で分類すると、２つの型があります。1つは、「先生型」コンサルタント。もう1つは**「パートナー型」コンサルタント**です。

「先生型」コンサルタントとは、イメージ通り、いわゆる「クライアントが知らないことを教える」アプローチです。もともとコンサルタントのイメージと言えば、このようなものではないでしょうか。

ところが、このやり方は短期集中でいくには良いのですが、複数年にわたって良い関係を継続するには向いていません。なぜだかおわかりでしょうか。

その理由は、**そもそもクライアントである社長は、「上から目線で人に教えられたくない人たち」だから**です。

それでも、短期間に収益を生まなければならない等の必要に迫られていれば、自分

「先生型」コンサルタント

	先生型コンサルタント
①やること	上から教える
②クライアントの感情	不快
③継続性	長く続きにくい

を押し殺して謙虚に話を聞こうとします。ところがビジネスがいったん息を吹き返し、一区切りするとどうでしょう。

社長というのは、人からあれこれ言われたくないから、社長になっているのです。もし、人からああしろ、こうしろと言われたいのなら、社員をやっています。

つまり、上から目線であああしろこうしろと人から教わることは、不快なのです。

さらに情報化社会の今、必要な情報は、コンサルタントに尋ねなくても、本や教材、あるいはネットなどで簡単に入手できてしまいます。そんな環境の中で不快な状態を長く続けるのは、誰だっていやなことです。よって、契約が短期で終了するのです。

もちろん、数カ月の短期集中型で深く関わって、そのかわり高額な報酬を得る道もあるので、そのスタイルが合っている人はそれを目指すとよいでしょう。

ただ、本書ではそのスタイルではなく、もう1つの「パートナー型」コンサルティングのやり方をご紹介していきます。

「パートナー型」コンサルティングとは、納得の報酬を得ながら、複数年の長きにわたってクライアントの右腕としてビジョン実現に関わっていく、というスタイルです。

「パートナー型」コンサルティングはなぜ生まれたのか

この「パートナー型」コンサルティングが生まれた理由は、僕の独立時の若さと時代背景にあります。

前作『コンサルタントの教科書』でもお伝えしましたが、僕がコンサルタントとして独立したのは、１９９9年1月。当時27歳になったばかりでした。

すでに結婚して夫婦２人が食べていくのに、生活費で月30万円は必要。さらに諸経費を含めると、月の固定費60万円は必須という状況での独立でした。

ふつうは独立を決意するなら、あらかじめそれなりの貯金をしておくものですが、僕の場合、独立時の貯金は90万円足らず。これが何を意味するかというと、

「独立後1カ月半で月額60万円以上の収入を作らないと、バイトしながらコンサルするような、〝なんちゃってコンサルタント〟になってしまう」

ということでした。

そんな中、どんなスタイルのコンサルティングをするか、日々考えました。

自分の親ほど年上の社長たちに「上から目線で教えるスタイル」は無理があります。

しかも、独立の1年前までコンサルティング会社に所属し新規開拓営業を担当していた僕には、「社長が会ってくれるだけでありがたい」感覚だったので、「先生型」コンサルはやりたくてもやれなかった、と言ったほうが正しいかも知れません。

また、周りを見れば「経営コンサルタント＝50～70代の人生経験豊富な大先生が教える仕事」という雰囲気で、20～30代のコンサルタントはほとんど見かけない時代。そんななかで何をウリにしてやっていけばいいのか、を考え続ける毎日でした。

ちょうどインターネットが普及し始めた頃でもあり、必要な情報は割と手軽に入り始めていました。

今思えば、それが幸いしました。情報が手に入らない時代は「情報や正解を教えてくれる先生」に価値があるけど、**情報化社会に入ると、「情報や正解」ではなく「自分で意思決定するための判断基準」に価値がシフトする**からです。

社長は、「上から目線で教えられたくない人たち」であるという属性に加えて、時代環境の変化が合わさり、そして僕自身が若さと親しみやすい（？）キャラクターゆえに「先生型」が似合わないことから生み出されたのが、「教えずにクライアントの右腕として成果に関わる『パートナー型』コンサルティング」だったのです。

本当にできるコンサルタントは知っている、〝教えないのに感謝される〟トーク術

「先生型」では教えるが、「パートナー型」では教えない。

では一体、何をするのでしょうか？

答えは、こうです。

「パートナー型」コンサルタントは、「相手が見落としていた盲点に気づかせる」のです。

どんな優秀な社長にも、盲点というのがあります。盲点とは、その人の立場や目線からは見えにくい着眼点のことです。さらに言うと、盲点には2種類あります。少し説明しますね。

1つは、「選択肢の複数化」です。社長は他人に頼るまでもなく、自分なりにいくつか選択肢を持っています。たとえば、1つの案件について、2つか3つの選択肢はあらかじめ思いついているとしましょう。

「パートナー型」コンサルタントと対話をすることで、その選択肢が3つ、4つ、5つと増えていくことがあります。そして、その4つめの選択肢がベストな判断になりそうだ、としたらどうでしょう。「この選択肢は、自分ひとりでは決して思いつくことがなかった」と社長も認識できます。これが1つ目の盲点です。

もう1つは、「落とし穴の早期発見」です。もう実行することは決断している。ただ、そのゴールの直前に思いがけない落とし穴がある場合があります。たとえば、社長が立てた経営目標というゴール達成の直前で、幹部社員の造反があるとか、社員の不正行為で士気がダウンする、というように。

社員との接触頻度をおろそかにして目標だけに猛進した結果、そんな思いがけない出来事に直面する。それに前もって気づかされたとき、社長は感謝してくれます。

「パートナー型」コンサルティングの対話術

盲点＝その人の立場や目線からは見えにくい2つの着眼点

①選択肢の複数化

②落とし穴の早期発見

「先生型」と「パートナー型」の違いとは

	「先生型」コンサルタント	「パートナー型」コンサルタント
①やること	上から教える	盲点に気づかせる
②クライアントの感情	不快	快
③継続性	×長く続きにくい	◎長く続きやすい

このような関係性は、社長にとって快か不快かでいえば、快です。だからこそ、関係も長く続きます。

このように、思いがけない着眼点を提示して、**「選択肢の複数化」と「落とし穴の早期発見」、すなわち盲点に気づかせながら、相手が望む成果をサポートする**のが「パートナー型」コンサルティングの肝です。

これができる人は、営業でも成果を出すし、コンサルティングにおいても成果を出し、しかもその関係は長く続きます。

「先生型」と「パートナー型」の違いを上の図にまとめておきました。

顧客に必要とされるか否かが決まる最大のポイントとは

コンサルタントに限らず、サービス提供者が顧客に必要とされるか否か、はどこで決まるのでしょうか。

知識量でしょうか？　スキルの高さでしょうか？　あるいは、経験年数？

たしかにそれらは選ばれる理由の1つではあるでしょう。しかし、最大のポイントかと言うと、そうではない気がします。

自分が顧客の立場になればわかるのですが、みなさんは「自分に関係ない分野の知識やスキル」を山ほど持っている専門家に興味がありますか。

おそらく興味もないし、ましてやお金を払う気にはならないでしょう。

では、どんな人にだったら興味があるのか。

それは、「自分のお困りごと（悩んでいることや課題など）の解決につながるモノやサービス」に興味があるのではないでしょうか。

しかも、お困りごとの中でも、「夜も眠れないくらい気になっている重要なお困りごと」を解決してくれそうだと感じたなら、放っておくことは極めて困難ですね。

つまり、コンサルタントがクライアントに必要とされるか否かが決まる最大のポイントは、**「社長の頭の下のほうにある〝どうでもいいお困りごと〟ではなく、上のほうにある〝お困りごとトップ3〟」にフォーカスすること。**

つまり、本当のお困りごとが何かを突き止め、クライアントと一緒に解決していくこと。本書が伝える対話術の最終目的も、この点にあります。

これは、「クライアントにとって重要な存在として認められるため」、そして「納得の報酬を得るため」に極めて重要なポイントなので、72ページ以降でさらに詳しくお伝えしていきます。

「何をしゃべるか」の前に、成果が自然と出る「場作り」の発想を持つ

「コンサルで成果を出すために、一番大切にしていることがあるとしたら、どんなことですか?」

僕がコンサルタント向けに行っている各種の養成塾の塾生さんから、こんなムチャ

な質問を受けることがあります。

コンサルで成果を出すために必要なことが、たった1つなわけはないと思うのですが、「それでもあえて何か1つ挙げてほしい」と言われたら、僕には答えがあります。

その答えは、僕が1対1の営業や個別コンサルでも、1対多のセミナーや講演会でも、そのセッションが成功するためにやっていることと共通します。

その答えは、対話について扱う本書でお伝えするには、少し意外と思われることかも知れません。

「何を言うか」とか「何を聞くか」ではないからです。それは、

安心・安全・ポジティブな場を作ること

です。大切なことなので、もう一度言いますよ。

安心・安全・ポジティブな場を作ること

です。つまりなるべく早い段階で、僕と相手の間にある、この場（スペース）を、

安心で安全でポジティブな場にするということです。これは、1対1の営業や個別コンサルでもそうだし、1対多のセミナーや講演会でもまったく同じです。

この「安心・安全・ポジティブな場」ができていれば、お互いがリラックスして、対話を通して発想がどんどん広がり、必要な情報にアクセスしやすくなり、成果が出やすくなるのです。

では、そのような場作りをするには、どうすればいいのでしょうか。

それは、簡単です。必要なことはたった4つしかありません。

「言葉・表情・態度・行動」の4つ。これらを、そのような場が生まれるように意図的に選べばいい。

では、「安心・安全・ポジティブな場」作りをするために、どんな「言葉・表情・態度・行動」を使うといいのでしょうか？

これは反対を考えるとわかりやすいです。世の中には「不安で危険でネガティブな場」っていうのがあります。何か発言すると、「それは無理だ」とか「前にやったけど、うまくいかなかったからダメだ」「つまんないアイデアだな」と否定されたり、場違いな気分にさせられる場です。

たとえば、クライアント先でも会議室から漏れ聞こえてくるのは社長の声だけで、社員の声がまったく聞こえてこない会議がたまにあります。そのうちしびれを切らした社長の「何か発言は、ないのか！」という怒鳴り声がますますその場を静まり返らせてしまったり。そのときの、社長の表情や態度はだいたい想像がつきそうなものです。

これは、知らず知らずのうちにその場のトップである社長が「不安で危険でネガティブな場」作りをしている典型例です。

一方で、「安心・安全・ポジティブな場」を作りたければ、たとえばどんな〝言葉〟が適切でしょうか？

それは、人を批判・否定することなく、開放的でエネルギーが湧いてくる肯定的でプラスの言葉でしょう。

では、どんな〝表情〟が適切でしょうか？

しかめっ面とか、眉間にしわを寄せた顔ではなく、口角が上がっていたほうがいいでしょう。つまり笑顔です。

特に、コンサルタントのなかでも税理士や社労士などの士業の方は、知らないうちに怖い顔をしていることが多いようです。なぜなら職業柄、普段から難しい資料とにらめっこで、納税や給与計算など「1円たりとも間違えてはいけない」責任感にさらされているからです。

ただし、ひとりで部屋にこもっている時ならいざ知らず、人と会う時は怖い顔ではいけません。たとえば、自分の顔が相手に見られていることを意識してみると、自然と表情に変化が出てきます。

〝態度〟はどうでしょうか？

あなたが営業マンだったとして、見込み客がポケットに手を突っ込んでふんぞり返っているよりも、ペンとノートを手に前のめりでこちらの話をうなずきながら聞いているほうが、リラックスして良い話ができそうではないでしょうか。

そして、〝行動〟はどうでしょう？

コンサルタントは、常に顧客から見られています。それは見た目だけではなく、「何を言っているか、何をやっているか」を見られています。「人に言っていることを自分自身がちゃんとやっているのか」、つまり「有言実行か否か」も見られています。

たとえば、「もらったメールにはクイックレスポンスで返しましょう」と教えているコンサルタント自身が、クライアントからのメールを放たらかしで返信しなかったら、説得力はゼロです。

つまり、**クライアントにアドバイスしたり要求することがあるなら、コンサルタント自身が模範となるレベルで実践していてはじめて説得力を持つ**のです。

この、安心・安全・ポジティブな場を作る、という発想を持つようになってから、僕はコンサルティングにおいてもセミナーや講演においても成果が段違いに出るようになりました。

しかも、その成果は結果面だけではありません。

プロセス、すなわちコンサルやセミナーそのものがより一層楽しくなり、その雰囲気が相手にも伝わり、相乗効果的に進化を遂げている実感があります。

今まで意識したことがない方は、さっそくトライしてみることをお勧めします。

「あり方」が変わると、報酬が3倍以上にアップするのはなぜか？

「あり方が変わったことによって、行動面や経済面にどんな変化が起こるのか？」について、僕が運営している養成塾の参加者のわかりやすい例があるので、紹介します。

「あり方が変わるとなぜ成果が出るのか」というと、僕は次の4つのステップを経るからだと気がつきました。

〝あり方〟が変わると、〝発想〟が変わる。
そして、発想が変わると〝思考〟が変わる。
思考が変わると、〝行動〟が変わる。
行動が変わるから〝結果〟が変わる。

つまり、あり方が変わると発想が変わり、思考が変わる。

思考が変わると行動が変わるので、結果が変わる。

だから、原点は〝あり方〟なんだということなんです。

この〝あり方〟の変化が具体的にどのように成果につながったかについての例を、1つ紹介します。僕のビジョナリーパートナー合宿に参加した社労士・多岐川さん（仮名）のエピソードです。

合宿前の彼はどんなあり方だったか、というと、「自分がお客さんに〝何をやるか〟が重要」というあり方、つまり「自分がやること」にフォーカスしていました。

たとえば給与計算してあげるとか、人事のトラブルの相談に乗ってあげるとか、就業規則を作ってあげるとか、「自分が何をやるか」にフォーカスしていたんです。

そうすると発想としては、「何人の社員分の給料計算を何カ月分やったら、ウン万円請求しよう」という発想になります。


それで、そんなあり方の人が、「値上げをしたい」と思ったとしましょう。

今、月の顧問料は2万円なんだけれど、本当は月に5万円とか10万円をもらえるようになりたい。さて、その彼が「自分がやることにフォーカスする」あり方を変えずに値上げしようとすると、どうなると思いますか？

「値上げ＝自分の負担が増える」と発想することになるんです。

すると、作業量が増え作業時間が増えてしまう。「ただでさえ忙しいのに、今以上に忙しくなるのは嫌だから、値上げは無理だな」という思考になります。

普通のビジネスパーソンにたとえると、工場の機械の操作マニュアル作りを担当する人が、会社の成長に伴い、新しい機械を導入することで業務量が2倍になるとわかった途端、ギブアップするようなものです。

この思考でいくと、「値上げしたいけれど、値上げしない」という行動に落ち着きます。そして、「忙しいのに、低い報酬」「やり甲斐もいまいち感じられない」、つまり「貧乏ヒマなし」という結果が待っています。よくある話ではないでしょうか。

特に社労士に限らず、税理士であれコンサルタントであれ、みんな同じです。「自分がやること」にフォーカスしたあり方の末路です。

さて、この多岐川さんが、「あり方」を再構築することで、どんな変化があったかを説明しましょう。

まず彼は、自分のミッションやカンパニースピリッツ、セルフイメージ、ビジョンなどを紙に書き出し、それを人に見てもらい、何度も練り直していきました。

そのプロセスを通じて、「自分が何をするか」という視点を180度転換して、「相手の成果にフォーカス」したのです。

たとえば彼のミッションは、「安心・安全・ポジティブな職場環境をつくり、成果を最大化する」というものでした。

そこで、「どうであればクライアント先が、安心・安全・ポジティブな職場環境になるのか」「どうあれば成果が最大化できるのか」にフォーカスし、「そのために、自分はどう関わるのか」というあり方に変わりました。それには、1年以上の試行錯誤があったのですが、変わるときは一瞬でパシッと切り替わりました。

するとどうなるかというと、発想は「自分は相手にどんな成果をもたらすことができるだろうか」となります。

その延長線上で思考すると、たとえば、「ポジティブな企業文化を育み、社員が同じ方向に向かって動き始めるように働きかけよう。そのために、ビジョンやミッション、行動指針を作るサポートをしてはどうだろうか?」と視野が広がっていきます。

社長が今まで10回言っても20回言っても、ちっとも動かなかった社員が、外部のコンサルタントと一緒に作った「考える基準」を社長が1回言っただけでパッとわかってくれたら、社長の負担は相当減るでしょう。

社員も「考える基準」が与えられることによって、「言われてやらされ感で働く」のではなく、主体性を持って楽しく働ける。すると、ムードもよくなっていきます。

そのおかげで、社員の離職率が下がった、社内のコミュニケーションがスムーズになることでミスや不良率が減った、会議では社員からポジティブなアイデアが湧き出てくるようになった、という好循環が生まれてくるかもしれません。

そのとき、その「ビジョンの策定と浸透」は、その会社にとってどれぐらいの経済的価値を持つのだろうか？　そして、それに貢献した自分が受け取る報酬は、いくらが適切なんだろう？

そう考えたら、多岐川さんは「えっ、これだけの効果をもたらすことができて、月10万円って、けっこう安い！」という感覚になりました。

「これだけの価値を提供できるなら、月額10万円はお得だよね」という感覚になった時に、堂々と希望額を提示するという行動に出られるようになります。

コンサル
トーク

「御社のビジョナリープランを作り、行動指針を策定します。そして、それに連動して就業規則を作るまでを、1年かけてやりましょう。半年かけてまずはここまでやり、残りの半年でここまでやっていきます。トータル1年間のご契約で、月々15万円でやらせていただこうと思っています。

さらに社員教育が必要であれば、将来的にあと5万円プラスでやらせていただくことも可能です。でも、それは優先順位的に後でいいと思いますので、まずは月額15万円でこんなプランでやっていくことをご提案したいと思いますが、いかがでしょう」

と、多岐川さんはクライアントに提案しました。結果的にどうなったと思いますか。

改めて舞台裏を説明すると、彼が僕に相談をした当時、1週間後に見込み客との面談を控えていて、そこでコンサルを提案しようと考えていました。その時点で多岐川さんは、月3万円から5万円の顧問料でと考えていて、「5万円だったら契約できる気がするんですよね」と言っていました。

そこで提案内容を詳しく聞いた僕は、「それは月15万円でいける内容ですよ」とアドバイスしたのです。もちろん、それなりの準備は必要です。しかし、適切な順番で段取りをして、ツールを用意して、きちんと価値提供できれば実現できる。

さらに、多岐川さんが自身のコンサルティングに磨きをかければ、貢献価値が高まり、結果的にクライアントの成果がもっとアップする、と僕にはイメージできました。

なので、「その価値提供の仕方を再構築して、必要な準備をちゃんとして、12カ月のコンサルテーション・プランを用意して提案したら、『月額15万円でもお願いしたい』とクライアントから言われる内容ですよ」と伝えました。

でも、彼は先ほどもお伝えしたように「自分がやることにフォーカスする」あり方だったから、「いやあ、よくて5万円でしょう」とずっと言っていたんです。

ところが、合宿の3日目の時に「自分がやることにフォーカス」していたあり方が「相手の成果にフォーカス」するあり方に劇的に変わりました。

「これだけの価値を受け取れるなら、もし自分が社長だったら、この金額を払ってもいいいな」と腹落ちしたことで、「月額15万円を提示していい」という自己納得ができ、結局、月額15万円で提案することを決意しました。

多岐川さんはその提案内容をスムーズに自信を持って話せるようリハーサルして、

「あり方」が変わると報酬が上がる5ステップ・チャート

	①起点	②発想	③思考	④行動	⑤結果
Before	自分が「やること」にフォーカス	値上げ＝負担UP	値上げムリ	今のまま	貧乏ヒマなし
After	相手の「あり方」にフォーカス	相手にどんな成果をもたらすか	その成果をもたらすにはどうする	十分な準備と希望額を提示	単価UP！ ・経済面 ・時間面 ・精神面 充実する

翌週の営業に臨んだのです。

その本番で、リハーサル通りに面談をし、みごと月額15万円でコンサル契約を締結。時間単価がアップし、納得の報酬を手にするようになりました。

半年経った頃に多岐川さんに進捗を尋ねたら、クライアントとの信頼関係をしっかり構築して、すでに顧客にとって「社外にいるけど幹部社員」「なくてはならない存在」として接してもらっているようでした。

「なぜ、以前はあれだけハードルが高かった月額15万円の受注ができるようになったんですか？」と尋ねたときの、彼の返答は次の通りでした。

「前は自分がやることにばかりフォーカスしていました。でも、今は相手の成果にフォーカスしている。それによって、『これだけやれば、いくら』という発想から脱却できました。『相手にどんな成果をもたらすのか』を起点にしたら、値付けの発想がまるっきり変わったんです」

この多岐川さんの事例を通じて、「あり方が変わると報酬が上がる」ということの意味が、ご理解いただけたのではないかと思います。

そのプロセスを前ページの図にまとめましたので、ご参照ください。

相手のお困りごとが自然と解消する「思考の型＝ビジョナリーコーチング」は４ステップ

あり方が変わると発想が変わり、思考が変わる。思考が変わると行動が変わるので、結果が変わる。その意味がおわかりいただけたかと思います。

つまり、スタートである「あり方」がズレていると、その時点で望む結果が得にくくなるので、「あり方」はとても大切なんですね。そして、「あり方」と同様に大切なのが「思考」です。

ちなみに僕には、独立以来16年以上使っている基本的な「思考の型」があります。これは、自分に対しても使いますし、他の人にコーチングするときにも使えます。僕はこれを「ビジョナリーコーチング」と名づけています。

たった4つのことを順番に考えていくと、自ずと望む結果が明らかになり、何をすればいいのかが見えてくるシンプルな流れです。これをマスターしておくと、人の相談に乗れるだけでなく、自分の課題解決にも活用できます。

その流れを紹介しますので、まずはセルフコーチング的にみなさん自身が抱えている課題を1つ決めて、実践してみてはいかがでしょうか。

改めて、ビジョナリーコーチングは次の4つのステップで構成されます。

第1ステップは「タイトルを決める」こと。

考えが堂々巡りするだけで、ちっとも先に進まないことってありますよね。

その原因は、入り口でタイトルを決めないからです。ビジョナリーコーチングのコ

第1ステップ：タイトルを決める

①タイトル

ツは、紙に書きながら進めること。それによって、他のことに気が紛れても、ちゃんと軌道修正して建設的に思考を続けることができます。

たとえば、「今、私が漠然と悩んでいることに、シンプルなタイトルをつけるとしたら、何だろう？」と自問します。すると、

「売り込まなくても自然と契約が決まっていく営業の仕組みをつくるには」

「もっと未来のことを考える時間の余裕を確保するには」

というように、お題、タイトルが決まっていきます。


第2ステップは「現状を知る」こと。

そのトピックの現状がどうなっているのか、

第２ステップ：現状を知る

②現状

①タイトル

を一通り書き出してみます。ここで大切なことは、いきなり各論を書き出さないことです。

いきなり細部に入り込まずに、大局的な着眼点を先に書き出しておきます。

たとえば、「売り込まなくても自然と契約が決まっていく営業の仕組みを作るには」というタイトルについて考える際には、営業の手法にいきなり入り込むのではなく、「誰と契約したいのか（ターゲット）」「いくらの価格帯で契約したいのか（価格設定）」「何を売りたいのか（商品設定）」「どんなステップを経て契約に至るとベストなのか（営業の仕組み化）」というように、考えるべき着眼点を先にリストアップ

第３ステップ：理想を描く

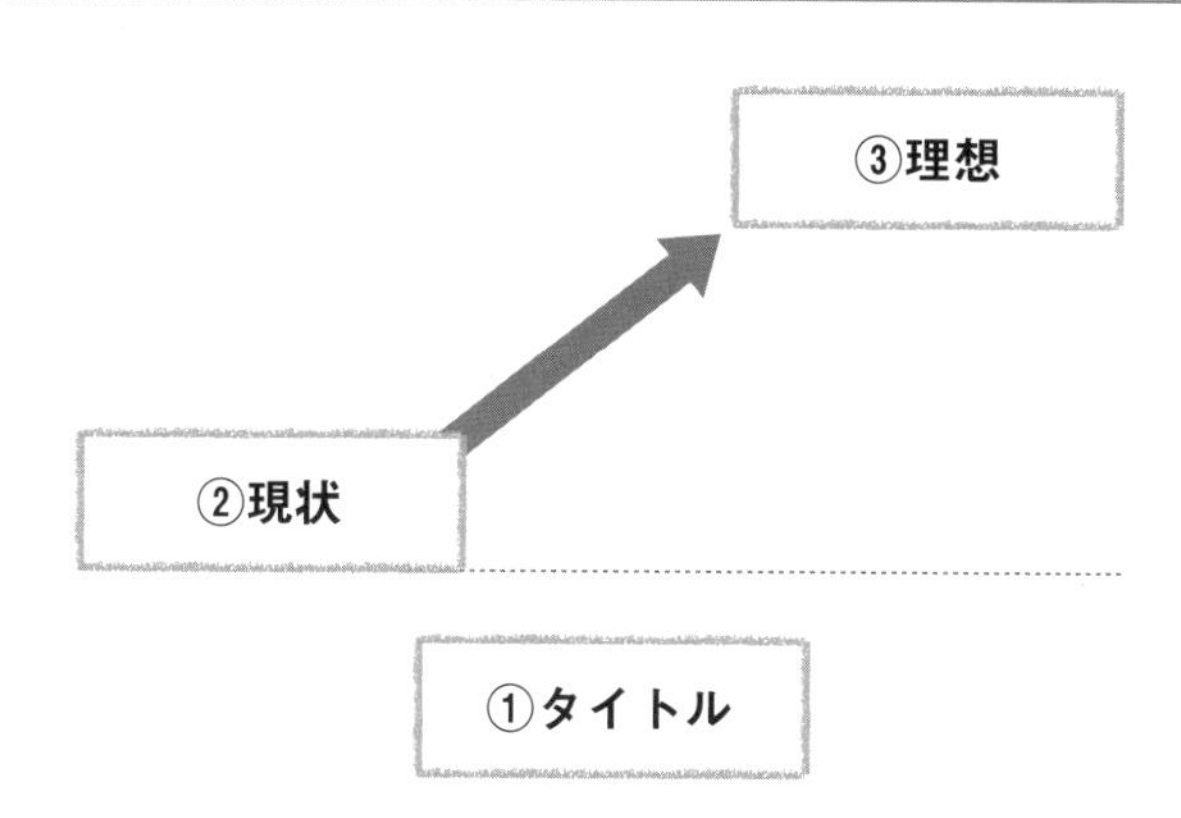

します。

そして、一通りそれが完了してから、それぞれについて現状はどうなっているのか、を書き出していきます。

第３ステップは「理想を描く」こと。

先ほど書き出した着眼点について、どうなっていたら理想的なのか、を書き加えていきます。

先に「現状はどうか」が書いてあることで、それをたたき台（つまり、このままでは不満である、という踏み台）とし、それに対して「理想はどうか」を考えていきます。

ここからが肝心です。第2ステップ

第４ステップ：理想に近づくための条件を探す

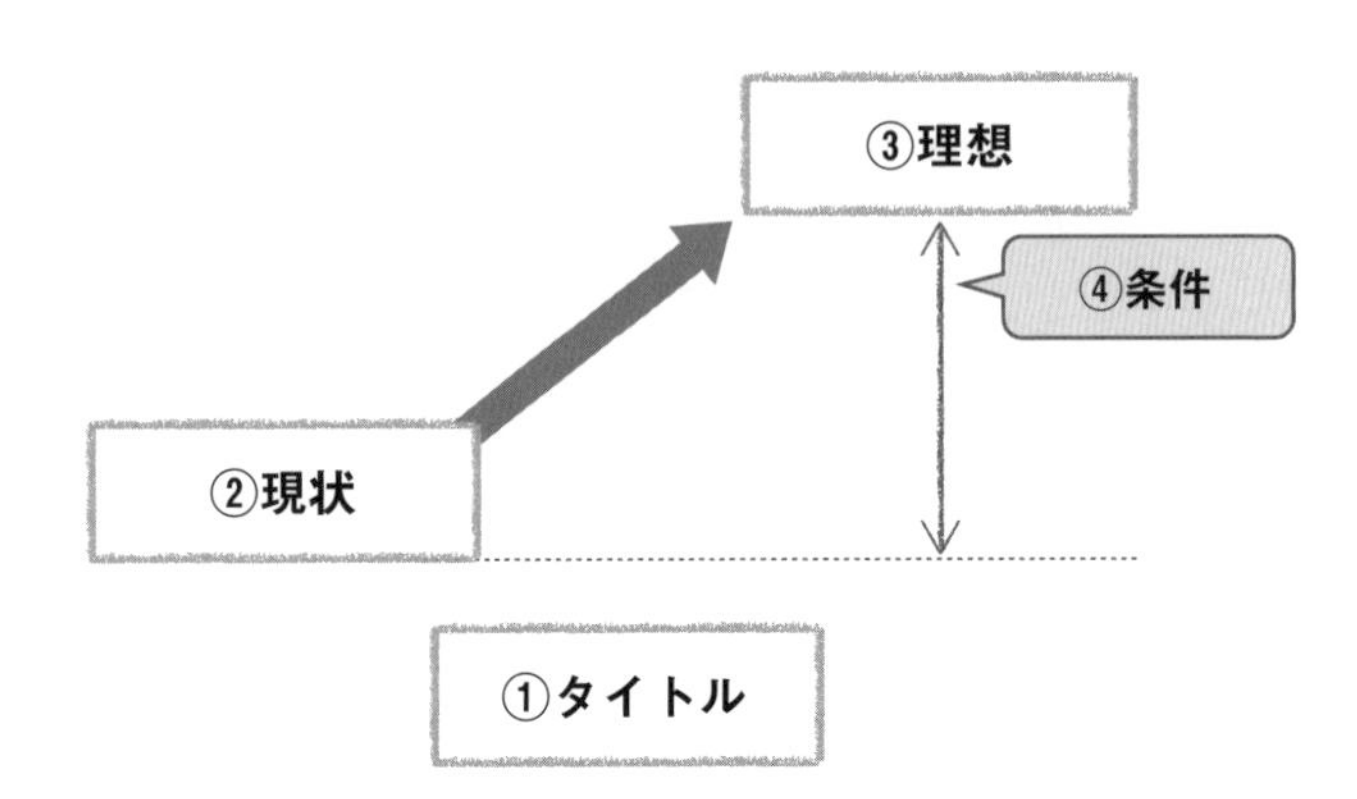

と第3ステップが明らかになると、そこにギャップが生まれます。

最後の第４ステップは、「理想に近づくための条件を探す」ことです。

つまり、「どんな条件が整えば、理想に近づくのか？」と自問自答していきます。

そして第4ステップのときに、さらに3つの視点から、整えるべき条件を検討していきます。それは、「能力」「行動」「環境」の3つです。

つまり、能力をつけることで解決する道はあるか、行動することで解決す

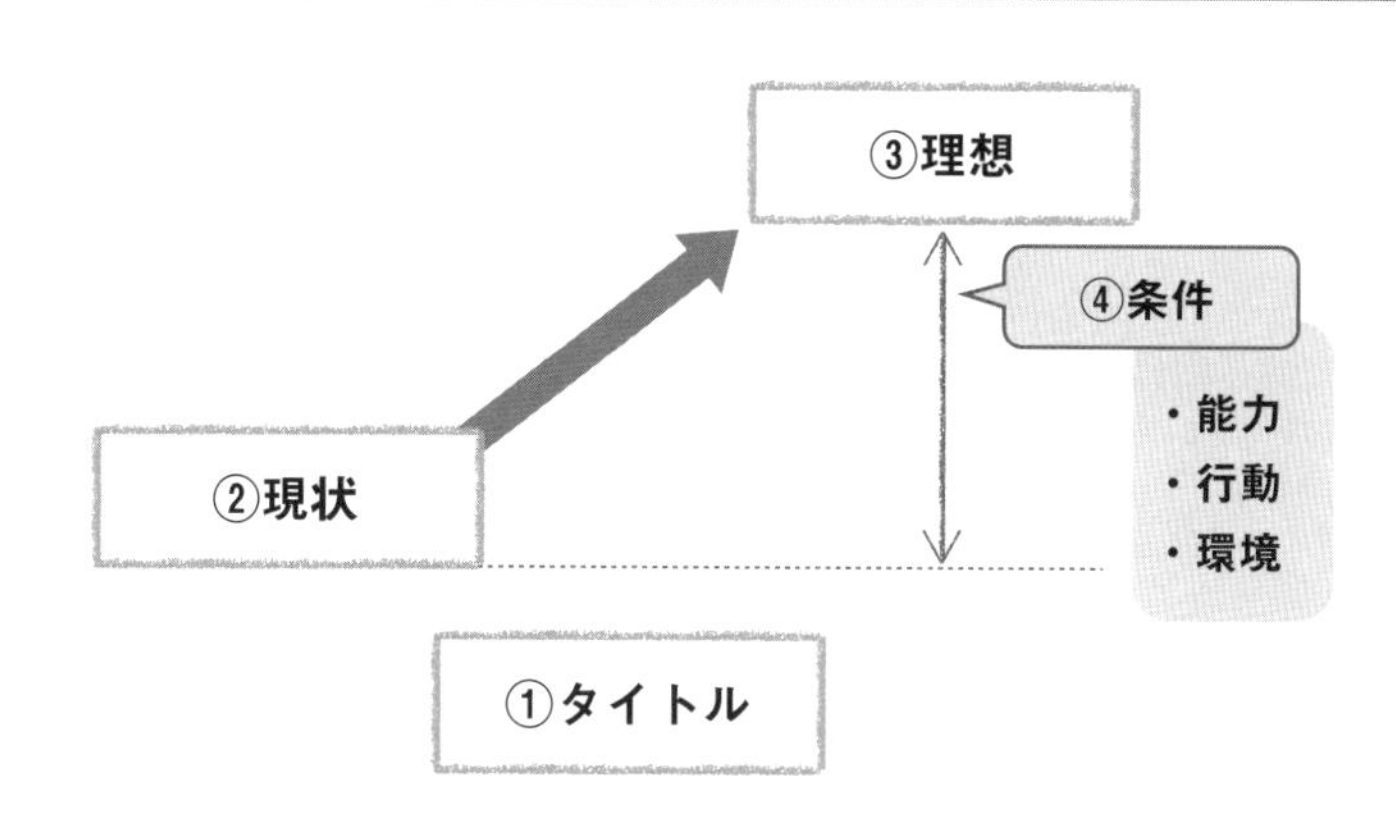

る道はあるか、環境を変えることで解決する道はあるか、ということについて1つひとつ考えていくわけです。

これにはやりやすさという点で順番があります。

たとえば、学校を卒業して以来、何十年も走ったことがない人に「フルマラソン完走」という課題が与えられたとしましょう。

「能力」によるアプローチには、たとえば「効果的な走り方のフォームを身につける」「体重の負荷がかからないよう10kg減量し、体脂肪率を5％下げる」のような感じになります。

「行動」によるアプローチには、「毎

朝、30分走って体力をつける」「夜食や間食を止め、炭水化物を減らし、タンパク質を積極的にとる」だったりします。

「環境」によるアプローチは、「ランニングコーチに週1ペースで個別指導を受ける」「体重の変化、トレーニングメニューをブログやフェイスブックで公表し、サボりにくくする」「朝起きてすぐに走りに出られるよう、ウェアとシューズの置き場を着替えやすい位置にする」などがあります。


さて、このなかでどれが一番、ラクに成果が出そうでしょうか?

環境によるアプローチが一番ラクです。「環境を変える」とは、たとえば「場所を変える」とか、「逃げられない場に身を置く」「服装を変える」「ポジションを変える」などで、特に努力を要しません。

「行動を変える」ことは、走るとか、食べる・食べないとか、過剰な能力は問われませんが、実働を伴います。

「能力を変える」ことは、自分が持っていない能力を高める必要が生じるので、さらにハードルが上がりますね。

その意味で、取りかかる負担が小さくてラクな順番は、①環境、②行動、③能力、であり、その順に理想に近づく条件を考えていこうというわけです。

このビジョナリーコーチングは、前作『コンサルタントの教科書』でも紹介しましたが、そこでは「人の相談に乗る手法」という位置づけでした。

実はまったく同じフレームですが、このように自分の思考を適切にナビゲートする「セルフコーチング」の型としても有効で、僕自身、日常的にこれを活用しています。

堂々巡りから抜け出して、どんどん前に向かって思考が進む爽快さを体感してもらえたらうれしいです。

本書のキーコンセプトはこの5つ

さて、次のChapter1からいよいよ本論に入っていきますが、プロローグでお伝えしてきた本書の5つのキーコンセプトをここで整理しておきます。

▼本書の5つのキーコンセプト

(1) 社長にとっての理想のコンサルタント像とは、「先生型」コンサルタントではなく、「パートナー型」コンサルタント。
(2) 「パートナー型」コンサルタントの役割は、社長のビジョン構築のお手伝いをすることと、盲点に気づかせること。
(3) コンサルタントがすべき最大の仕事は、社長のお困りごとにフォーカスすること。本当のお困りごとは何かを突き止め、クライアントと共有し、一緒に解決していくこと。本書が伝える対話術の最終目的も、この点にある。
(4) そのためには、「何をしゃべり、何を聞くか」よりも「安全・安心・ポジティブな場作り」のほうが優先される。
(5) コンサルタントとしての「あり方」次第で、報酬は大きく変わる。

では、Ｃｈａｐｔｅｒ１からは「パートナー型」コンサルタントの対話術の具体的な実践法について、事例を交えながら説明していきましょう。

顧客の本音を引き出し、即決を促す対話術

新規営業時

Chapter 1

仕事がとれないコンサルタントの「間違った努力」

対話のあり方やスキルについて説明する前に、「成果の出ないゴール」に向かって突っ走ることがないよう、まずお伝えしたいことがあります。

独立直後のコンサルタントから受ける相談として多いものに、

「どうすれば、顧客が獲得できるのでしょうか?」

「どうすれば、納得の報酬が得られるのでしょうか?」

というのがあります。

その質問に答える前に、彼らの考え方を聞いていると、その多くは成果につながらない努力をしています。

どういうことかというと、多くの人は「もっとたくさんの知識が必要なのではないか、スキルが必要なのではないか」と考えます。ところが、実はその延長線上にはコンサル契約はありません。

そこで、まずChapter1では、新規の顧客を獲得するためにコンサルタントが独立前にやっておくべきこと、そして独立後にやっておくといいことを、僕の経験を踏まえてお話しししたいと思います。

「知識とスキルを身につけたから独立！」では、危ない理由

独立直後のコンサルタントからこんな質問を受けることがあります。

「独立して順調に軌道にのせるには、どんなスキルを身につければいいでしょうか？　あるいはどんな知識があればいいでしょうか？」

実をいうと、**クライアントである社長は、あなたがどんな知識やスキルを持っているかについて、ほとんど興味がありません**。

ですから、そこにフォーカスしていると、もしかしたらその努力は無駄に終わってしまうかもしれません。なぜなら、クライアントは**「他人がどんな知識やスキルを持っているかどうかより、自分の『お困りごとトップ3（詳しくは72ページ以降参照）』を、どのように解決してくれるのか？」**に興味があるからです。

新規営業時

人は他人のことではなく、自分のことに一番興味があるのです。よって、僕たちは見込み客の「お困りごとトップ3」にアプローチする必要があります。

そのためのはじめの1歩は、**「見込み客のお困りごとを言語化する」**ことです。つまり、相手に「そうそうそう！」と共感されるレベルの具体性と切り口で、相手が何に困っているのかをちゃんと突き止めるということが大切なのです。

ところが多くの場合、クライアント自身もそのお困りごとの中身を自覚していません。つまり自分が何に困っているのかを、明確に言葉にできない場合がほとんどなのです。

そこでコンサルタントとして、事業を始める前に何をしておけばいいかというと、「自分が対象とするクライアントがどんなお困りごとトップ3を抱えているかを明快に言葉にする」訓練をしておくことなんです。

できれば1文で表現できるようにしておくこと。そして、それをストーリーで語れるようになればベストです。たとえば、僕はクライアントである社長との対話を通じて、「社長と社員の立場の違いからくる危機感のズレ」というお困りごとがあると突き止めました。これがお困りごとの言語化ということですね。

ストーリーで語るとは、お困りごとに関するたとえ話をこれまでの自分の経験談や、知人の事例を紹介しながら伝えるということ。すると目の前の見込み客は、「ああ、うちの会社でもそれに近いことがあるある！」と親近感を抱いてくれます。

そうなると、見込み客にとってそのお困りごとのストーリーは、もはや他人ごとではなくて自分ごとになりますから、姿勢が前のめりになるんですね。**つまり聞く姿勢が生まれます**。

そうなった後は、いよいよ「自分がそれをどう解決できるのか」という話に移っていけるわけです。

ところが、多くのコンサルタントは相手が聞く姿勢になっていないにもかかわらず、「自分が何ができるか」を語り始めます。すると相手は、それは他人ごとなので聞く姿勢を作らない。ここでボタンの掛け違いが起こるわけです。

この「お困りごとトップ3」という発想はコンサルタントとしてとても重要なので、この章の後半で詳しくお話しします。

対話で「お困りごと」を聞き出すマジッククエスチョンとその裏側

繰り返しになりますが、営業において、前半は相手のお困りごとを聞き出すことが中心になります。

ここで、相手がお困りごとをしゃべり出してくれると、軌道に乗っていくのですが、そもそも「相手がお困りごとをしゃべってくれない」というところで、壁にぶつかるコンサルタントも少なくないようです。

考えてみれば、それは当たり前なんです。なぜなら相手は、「初対面に近い、さほど親しくもない相手に対して、なぜ自社や自分の悩みを言わなければいけないのか」と感じているからです。

そこで僕は、見込み客が自然と悩みをしゃべり出すマジッククエスチョンを発見しました。これは前作『コンサルタントの教科書』でも紹介したのですが、即効性があってとても好評だったので本書でも触れておきます。

初めのうちは相手の会社の成功体験など、社長がしゃべりたいことをしゃべってもらいます。すると気分も乗ってきて、関係性が徐々に構築されていきます。その時に、次の質問をするのです。

コンサルトーク

「それにしても、○○社長、そんなに順調にビジネスされている○○社長であれば、きっと悩みとか困っていることなんて、ないでしょう？」

これはリップサービスやお世辞で言うのではありません。前半のところで、相手の仕事が順調にいっている話を聞いているからこそ、この質問が効いてくるのです。

つまり、過去の武勇伝的な話や成功体験を、ある意味真摯に、受け止める。こちらは好奇心を持って聞くのです。そうして社長も一通りしゃべり、いろんな話ができて場が温まったところで初めて、この質問をします。

もし前段で相手の成功体験を聞くことなしにこのマジッククエスチョンをしても、おそらくうまくいきません。

成功体験の話の後に、「いやぁ、○○さんだったら、悩みとか困っていることなんてないんでしょうね」と反対に振り子が振れるので効く、ということです。
前半との対極性から、多くの場合相手は「いやぁ、そうでもないんだよ、実はね……」と、心の中に隠し持っているお困りごとをしゃべり出してくれます。

これは、セリフだけでなく、声のトーンや表情にもコツがあるので、まずは実践で試しながら身につけてみることをお勧めします。

「パートナー型」コンサルタントの顧客になるのはどんな社長なのか

ところで、「パートナー型」コンサルタントのお客様になるのは、どんなタイプ、あるいはどんな成長ステージにいる社長なのでしょうか。
「コンサルを依頼する社長」と聞くと、人によっては「自分ではやれないから他人に依存する、頼りない人だ」と思う人もいるようです。ところが現実は、必ずしもそうではありません。

実は、**第三者の専門家を活用することでギャップの解消が進み、ビジョンの実現が**

加速する「会社のステージ」というものがあるのです。

決して〝社長が頼りないから〟ではなく〝タイミングの問題〟なのです。ではどういう会社において、第三者を活用することが有益なのでしょうか。

それは、**社長の役割の比重がマーケティングからマネジメントに移り始めた会社**です。つまり、顧客営業基盤ができあがりつつあるものの、多忙で手が回らなくて機会損失が起きている状態の会社です。

たとえば、「社員が辞めていく」とか、「新サービスがリピートしない」というような機会損失が起こっている時にマネジメントが重要になります。

そして、そのマネジメントをきちんとやるために、パートナーとして外部のコンサルタントを雇うということなのです。

一般論でいうと、「自分で計画を立てて実行していけるような優秀な社長であれば、コンサルタントを雇う必要なんかないのでは？」と考える人もいるでしょう。

社長自身がそう考えてコンサルタントを活用しないこともあるし、仮に社長が必要性を感じてもナンバー2や奥さんがその活用を反対することがあります。

したがって、新規顧客を獲得したいコンサルタントは「どんな社長にコンサルタントが必要なのか」「それはなぜなのか」などについて、ちゃんとわかっていることがとても重要です。

逆に、「どんな社長にコンサルタントが必要なのか」「それはなぜなのか」を伝えることによって、見込み客である社長も納得してコンサルタントを雇うことができるのです。

実力は同じなのに、報酬に3倍以上の差が出る理由

みなさんの周りで、「実力も実績もほとんど同じ2人のコンサルタントのうち、1人は顧問料が月額5万円で、もう1人は月額15万円というように、単価が3倍、5倍も異なる」というケースを見たことはありませんか。

もし、あるとしたら、何がその違いを生んでいるのでしょうか。

みなさんもお気づきのように、知識量やスキル量の違いではありません。

単価の安いコンサルタントは、見込み客の頭の下のほうのお困りごとにアプローチ

「お困りごと」へのアプローチと報酬の大小の関係

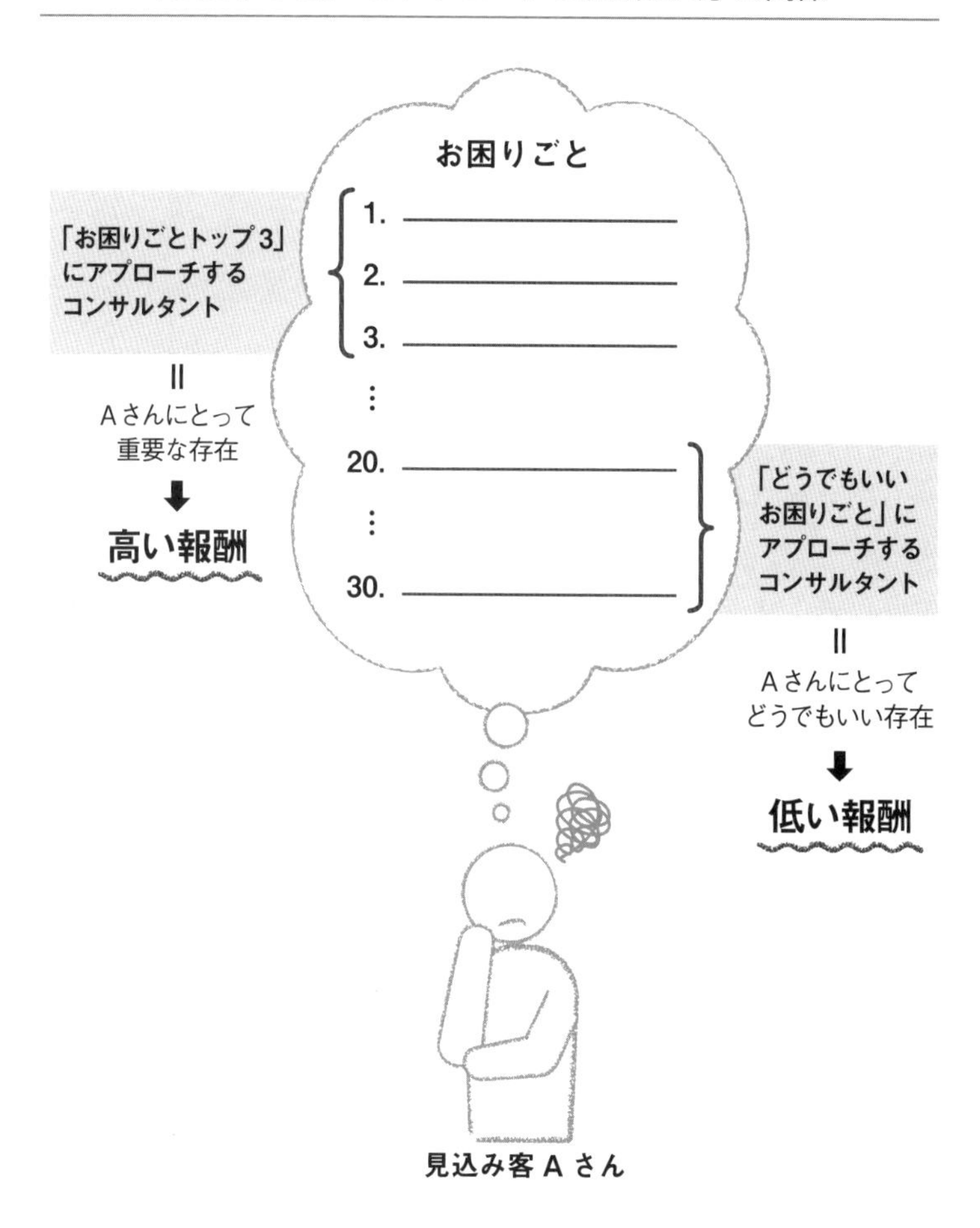

します。

それは、見込み客にとっては、多少は気になるけどどうでもいいお困りごとです。よって、そこにアプローチしてくるコンサルタントは見込み客にとって、どうでもいい存在です。どうでもいい存在に支払う報酬は、当然ながら低くなります。

一方、単価の高いコンサルタントは、見込み客の頭の上にある「お困りごとトップ3」にアプローチします。それは、見込み客にとって、夜も眠れないくらい重要なお困りごとです。

よって、それを解決してくれるコンサルタントは、見込み客にとって重要な存在です。

重要な存在に支払う報酬は、当然ながら高くなります。

つまり**報酬の違いを生むのは、コンサルタントの知識やスキルの差ではなく、「見込み客のどのお困りごとにアプローチしているか」の差です。そして、高度な知識やスキルが必要になるのは、その後の話**です。

ちなみにこの発想は、一般のビジネスパーソンもまったく同じです。顧客や会社が抱えている「お困りごとトップ3」を言語化してそこにアプローチする人は、事業主であれサラリーマンであれ、近い将来評価され、高い報酬を手にする可能性が高いでしょう。

ですから、コンサルタントとして独立する前にやっておきたい準備は何かというと、実は知識やスキルを身につけることではないのです。

その前に、**自分がサポートしたい人がどんなお困りごとを抱えているのか、それも優先順位の低い下のほうにあるお困りごとではなく、常に頭の上のほうにある、夜も眠れないぐらい悩んでいる「お困りごとトップ3」を突き止めて言語化する**ということなのです。

8割のコンサルタントができていない「見込み客を説得する前にやっておくべきこと」

成果を出すトップ・コンサルタントは、前述した「お困りごとトップ3の言語化」とともに、もう1つ必ずあることをしています。それは「あり方の確立」です。

つまり「自分がどういうスタンス、立ち位置でコンサルティングをするのか」をきちんと言語化しているのです。

数多くのコンサルタントと接してきた僕の経験から言うと、8割以上のコンサルタントがこれをやっていない、あるいは掘り下げ方が浅いので、きちんとやると差が生まれます。

たとえば僕の例でいうと、独立時に行い、それ以降も毎年やっているのが、自分のビジョナリープランを策定すること。

ビジョナリープランとは、ミッションやカンパニースピリッツ、セルフイメージ、1年後、3年後、10年後のビジョンなどを言葉にして1枚のシートにまとめたものです。独立当初は、これを見込み客の前で見せながら情熱を込めて語りました。

コンサルトーク

「社長のビジョン実現化をサポートすることが、私のミッションです。私は60代、70代の大先生ではありませんが、まだまだ現役バリバリなので、私自身も自分のビジョン実現に向かって走りながら、その姿勢がクライアントの刺激となる存在でありたいと考えています。

ですから、『自分のビジョンを実現しながら、クライアントのビジョン実現化をサポートする、ビジョナリーパートナー』というのが、私のセルフイメージで、そのスタンスに共感してくださる方のお力になりたいんです」

というように。もちろん、相手が聞く姿勢を作ってくれた後に、ですよ。

そうすると相手は、今まで自分がそこまで明快に自身のあり方を言語化したことがないので、興味を持ってくれました。ちなみに、このような話に興味を持たない人はそもそも僕のクライアントになりませんから、その場合は手早く終えて席を立ちました。

自分のあり方を言語化したり、軸を定めることの大切さに気づいている人は、それを実際にやっている人を見た時に、少し興味を持ってくれます。

そして、やってみてわかりましたが、自分のビジョナリープランを語ることで、相手にインスピレーションを与えるぐらいになると、営業はぐんと楽になります。

なぜならば相手がさらに聞く姿勢を整えて、前のめりになってくれるからです。

自分自身も、どういうあり方でコンサルをするのかがはっきりすることによって、あるいは自分のミッションは何なのかがはっきりすることによって、やることとやらないことが線引きできます。

それによって、すべてを抱え込もうと気負うのではなく、「これはやればいい、これはやらなくていい」と判断基準がはっきりするので負担がぐんと減りました。

僕が堂々と自分の考えを語っている姿勢を見て、見込み客は「この人の話なら聞いてもいいかな」と期待を寄せてくれるのです。

つまり、「何を言うか」の前に、「どうあるか」というあり方が問われている。そのためにも自分のビジョナリープランを確立しておくということがとても有意義なのだと考えています。

同業他社より3倍高い価格を堂々と提示するには

多くのコンサルタントは自分が納得する報酬を得たいと考えているのですが、うまくいかないケースが多いようです。たとえば、税理士や社労士の方から次のような相談をしばしば受けます。

「今、顧問料を月3万円から5万円もらっているのですが、本当はもっとほしいのです」

そこで、僕は聞きます。

「じゃあいくらぐらいだったらもらえそうですか?」

するとと彼らの返事は、

「そうですね、5万円から…良くて10万円いけば本当に御の字って感じなんですよね。でも本当は15万円、月額15万円ぐらいほしいんです」

一方で、僕は独立した27歳当時から月額15万円で契約が始まり、今では30万円から40万円いただいています。その違いは、いったい何なのでしょうか?

まずこれは、能力やスキルの違いではありません。なぜならば27歳当時の僕には、ほとんど実績もなければ、大したスキルも知識もなかったからです。

それでも、ちゃんと成果を出し、契約が5年、7年、10年と続くということは、何かそうなる理由があるはずです。その違いはいったい、何か。

僕はあるとき、それに気がつきました。実は、たった1つの発想の違いです。


「自分が何と比べられるか」を相手まかせにしない発想です。

このトピックは前作『コンサルタントの教科書』でも触れましたが、価格設定において極めて重要なので、別の事例も加えて改めてお伝えします。

多くの人は自分が何と比べられるかを相手まかせにしてしまっています。たとえばコンサル業務も行う税理士や社労士の人は、そのコンサル業務を一般の税理士業務や社労士業務の相場と比べられてしまいます。

仮に見込み客の頭の中で、税理士業務の相場観が月3万〜5万円、社労士業務の相場観が月2万〜3万円だとしましょう。

見込み客が、「3万円かな？　5万円かな？」と予想しているところに、こちらが提示する金額がその何倍も高額な15万円。

こうなると、月額15万円はほぼ不可能となります。

ならば、「何と比べられれば、月額15万円が安く感じるのか」を真剣に考える必要があるということです。

そのコツは、**そのサービスが顧客にもたらす本質的な価値を突き詰めること**です。

僕自身は、同業者や税理士、社労士と比べられるのではなく、まったく違ったところに着眼しました。それは「クライアントの幹部社員」です。

社員数30人以下の会社では、社長の下はほとんどまっ平らの「文鎮型の組織」が多い。つまり、社長が頼りにできるナンバー2がいないということです。

そこで、僕は気がついたのです。

「もしかすると、経営者にとって優秀なナンバー2とは、月に1回の経営会議の時に来てくれれば、ほとんど事足りるのではないか。月に1回の来社時に社長と面談をし、営業ミーティングをし、経営の重要な事項についてすべて検討する。さらに必要があれば社員と面談をして個別指導をする。これだけでほとんどの役割を終えてしまうのではないか」

ということに。

そして、僕がやろうとしていたことは、まさにこれでした。それなら、毎日常勤で働くのではなく、月に1回定期的に会えばいい。よって、

「常勤のナンバー2だったら報酬を月額70万円とか80万円、場合によっては100万円以上支払わなくてはいけないかもしれませんが、月1回の出社なので月額15万円でいいですよ」

という発想でした。

会社において仕事の内容が一番価値の高い人と同等で、報酬が一番低い人以下であれば、お得感はいっそう強化されます。ちなみに、会社において一番給料が低い社員は、新入社員です。そして月額15万円というのは、新入社員以下の価格帯なのです。

つまり、**役割は幹部社員クラス、報酬は新入社員以下で、社外ナンバー2として価値提供する「パートナー型」コンサルティング**。これだったら、お得だと感じる人もいるかもしれないということです。

思い通りの価格設定をするための意外な視点

ちなみにこの考え方は、個別のコンサルティングだけでなく、講座やセミナーなど別の商品サービスでも同様に使えます。そこで、もう1つ別の事例で解説しましょう。

僕はコンサルタントや士業向けに複数の養成塾や合宿講座をやっていて、その1つに「キャッシュフローコーチ養成塾」があります。

これは、「社長の社外ＣＦＯ（最高財務責任者）として、経営数字を使ってクライアントの本業の発展に貢献するキャッシュフローコーチ」を６カ月で計６回の講義で養成する塾です。

主な参加者は６割が税理士で、残りがコンサルタントやＦＰ、社労士などの士業の方です。６月から11月までの年１回開催なのですが、１回目は15人、２回目は38人、３回目は73人と回を重ねるごとに入塾者が増えています。

この養成塾の参加費は40万円以上と、決して安い金額ではありません。しかしながら、ありがたいことに毎回満員御礼で、キャンセル待ちとなっています。

さて、ここで質問です。この講座の参加費は高いでしょうか？　それとも安いでしょうか？

実はこれも、「何と比べるかによって、高くもなるし、安くもなる」のです。

たとえば、この養成塾を〝セミナーや教材〟と比べたとしたら、どう感じるでしょうか？

セミナーでウン十万円というと、かなり高額な感じがするかもしれませんね。よって僕は主催者として、この養成塾をセミナーと比べられることは避けなければなりま

参加費40万円以上でも参加者が増え続ける「連続講座」の秘密とは

せん。

そこで、**この養成塾が塾生にもたらす本質的な価値にフォーカス**してみました。この養成塾の特徴はいくつもありますが、大きなものは次の3つです。

①　6カ月の養成塾期間中に、コンサル契約獲得によって60％以上の塾生が参加費全額を回収してプラスαの利益を確定させている。

②　キャッシュフローコーチは商標登録で守られており、塾生はその名称を使用できる。

③　塾生はキャッシュフローコーチのスキルだけでなく、それを受注する営業スキルもあわせて習得できる。

次に、これを提供している世の中のサービスをリサーチしました。すると、ある類似サービスが目に留まりました。さて、何だと思いますか。

それは、〝**フランチャイズ（FC）**〟です。どこが似ているのか、具体的に比較しましょう。フランチャイズの特徴として、大きく以下の2つが挙げられます。

- FC加盟店は、加入時に初期投資として数百万円を支払うことで、そのFC本部が提供するブランドと看板、ツールが使え、顧客の紹介を受けることができる。
- そして、顧客獲得のたびに本部にロイヤリティが発生する。

これと比べると、キャッシュフローコーチ養成塾はどうなるでしょうか。

- わずか40万円強の初期投資で、開発者（和仁）から直接そのスキルを学ぶことができ、キャッシュフローコーチの名称と提供されるツール類を自由に使うことができる。

- そして、顧客獲得のたびに本部に支払うロイヤリティはゼロ。
- 月額5万円の契約を1カ月に1社受注すると、8カ月で回収できる。それ以降の報酬はすべて利益に。

これなら、お得感があるのではないでしょうか。

「ということは、それをセールストークにして訴求すればいいんですね⁉」

いいえ、実はそうではありません。僕はこの比較材料を集客の前面に出しているわけではありません。もちろん効果はあると思いますよ。でも、その前にすべきことがあるんです。

それは、**見込み客を説得する前に、自分自身を説得する**、ということです。

つまり、売り手である自分自身が「これは絶対にお得だ。買わないほうがどうかしている！」と心から確信できるレベルで腹落ちすれば、そのあり方が自然とにじみ出て、結果的に見込み客に伝わるものです。

そうなると、自分で売り込まなくても、周りが紹介してくれるなどして、なぜか自然と売れていくことになります。

ここで大切なテンプレートをご紹介します。

適性な価格設定を後押しする「価値と価格のマトリックス」

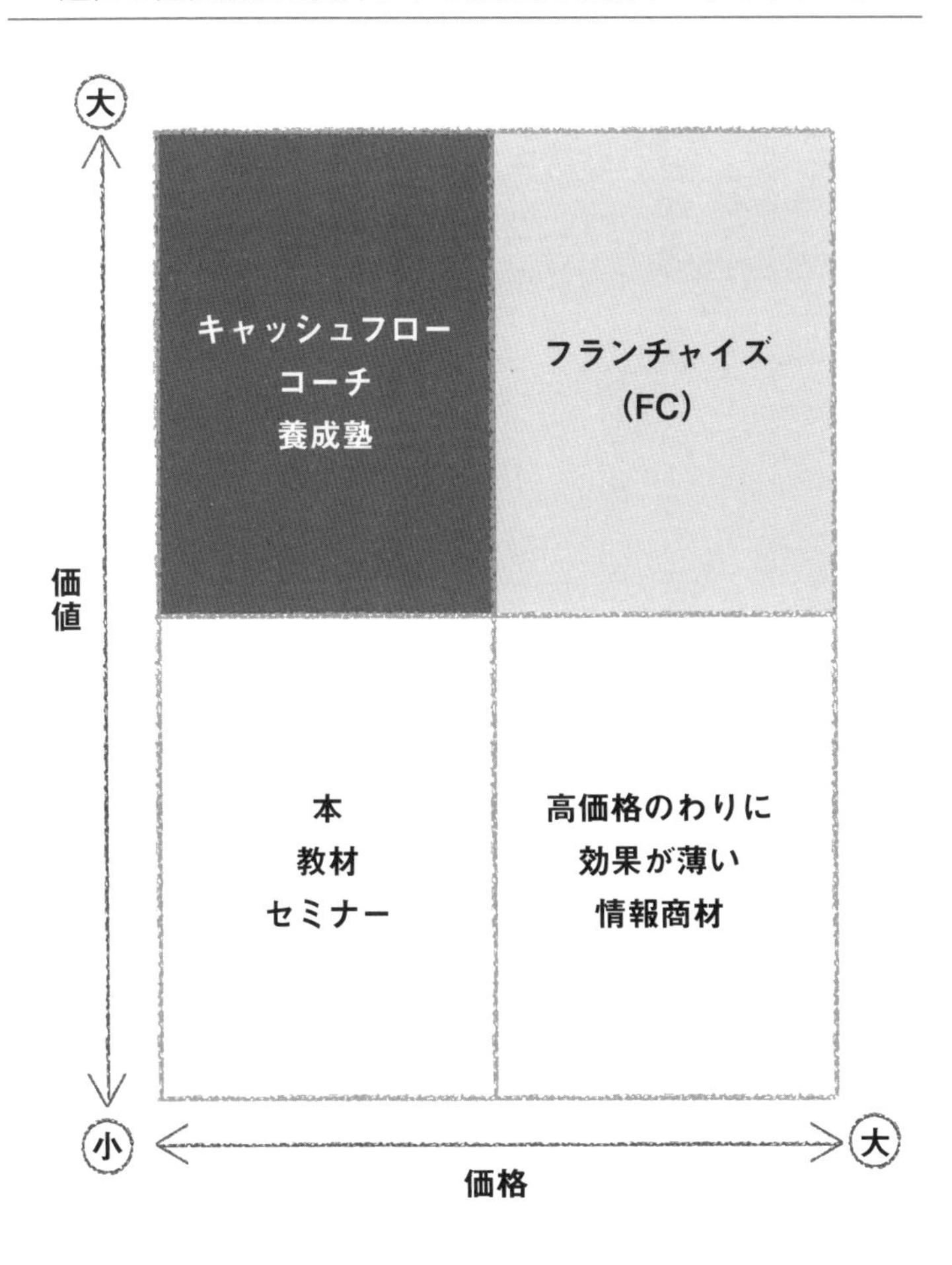

みなさんが納得の価格で提供したい商品サービスがあったら、次の◯◯に言葉を入れてみましょう。

▼パターンA

「価値は◯◯と同等以上で、価格は△△以下である□□（商品名）」

例：価値は幹部社員と同等で、価格は新入社員の給料以下である、〝社外のナンバー2〟としての「パートナー型」コンサルティング。

▼パターンB

「◯◯なのに、△△以上の価値である□□（商品名）」

例：初期投資がお手軽でロイヤリティゼロなのに、フランチャイズ以上の価値があるキャッシュフローコーチ養成塾。

さて、同業他社より3倍高い価格を堂々と提示するには、というテーマでここまで話をしてきました。

ところが、実際のところ僕はそもそも自分を同業他社と比較せずにこれまでやってきました。僕がフォーカスしてきたのは、同業他社が何をやっているか、ではなく、見込み客の頭の中です。

「この人や会社の、お困りごとトップ3は何か？」

にフォーカスした結果、今があります。

しかし、たいていの場合、見込み客はこちらを同業他社と比較してくるものです。したがって、同業他社よりも3倍高い価格を堂々と提示するために何をしたらいいかというと、**「自分（あるいは自社サービス）が何と比べられる存在かを相手まかせにせず、自分で決める」**ということです。

なぜなら、人は比較したがる生き物なのですから。

経験不足のコンサルタントが見込み客に「実績は？」と尋ねられたら

「見込み客から実績を尋ねられた時に、独立したばかりで大した実績がない私は、どう答えればいいのでしょうか？」

という相談を若手コンサルタントから受けることがあります。

実績があるベテランはそれを見せればいいのですが、独立したばかりで実績らしいものがない人はそこでフリーズしてしまったりします。

これは、コンサルタントに限らず、あらゆるビジネスにおいて相手との関係性を構築する前の初期段階で、ほぼ必ず直面する悩みかと思います。

ポイントは、「相手の言葉をそのまま受け取ってはいけない」ということです。

表面的に受け止めるから思考が止まってしまうんです。

僕からのアドバイスは、**「どう答えるか」の前に、「見込み客がなぜあなたに実績を尋ねるのか」、その意図を考えてみましょう**、ということです。

相手は実績を聞いているように見えるけれど、実績を聞きたいんじゃないんです。

では、なぜ実績を聞くのでしょうか?

それは結局、**見込み客は他の誰かではなく、あなたが自社に最も相応しいという【正当性】を確認したいから**です。

つまり、「この問題を解決するパートナーとして、本当にあなたがふさわしいのか?」を判断する基準の1つとして、実績を聞いているに過ぎません。

「あなたにコンサルをお願いして失敗しないという、正当性は何ですか？　その証拠を見せてほしい」と言っているんです。これが本質です。

よって、もし実績がないのなら、それ以外で【正当性】を示せばいいことになります。

たとえば、**「なぜ、私はそれを本気でやる覚悟があるのか？」のストーリー**でもいいでしょう。

あるいは、たとえば営業マン時代に磨いた「聞く着眼点」をコンサルの武器にするように、**別の分野で培ったスキルが御社のこの問題解決につながる**ことを披露してもいいでしょう。

そうでなければ、僕が27歳で独立した頃、何の実績も資格もないのに、「月額15万円を支払うからコンサルに来てほしい」とは言われないはずです。

当時の僕は、見込み客に正直に言いました。

「今は独立したばかりなので、お客さんはゼロですし、実績もありません」

それでも契約してくれたのは、見る目の厳しい中小企業の社長が知りたいことが、こちらの実績そのものじゃないということです。

大切なことは、相手が言ったことに反応するのではなく、相手の真意を汲み取って、そこに答えること。それができたとき、「あぁ、この人はよくわかっている」と信頼と尊敬が芽生えるのです。

デキる人かデキない人か、対話をすれば一発で見抜かれる！

このように、相手の質問にどう答えるか、にはコツがあります。

このことがわかると、人を見抜くヒントになります。つまり、その人がデキる人かデキない人かは、一発でわかります。

そこで、問題です。次のカッコ内に、どんな言葉が入るでしょうか？


デキない営業マンやコンサルタントは、【　　　　　　　　】にそのまま答える。

デキる営業マンやコンサルタントは、【　　　　　　　　】に答える。


では1分間、シンキングタイムです。…考えましたか？　では、答えです。

デキない営業マンやコンサルタントは、【相手の質問】にそのまま答える。

デキる営業マンやコンサルタントは、【質問の意図】に答える。


質問そのものじゃないんです。質問に隠された「意図」が重要なんです。

なのでそこに答えるには、人から質問をされたら、「相手がなぜそれを尋ねるのか？」の意図であり真意を汲み取ろうとする必要があります。

でも、それがわからないこともあります。そんな時は、どうすればいいのでしょうか？

答えは簡単です。

コンサルトーク

「ちなみに、なぜその質問をお聞きになりたいんですか？」


と尋ね返せばいいのです。

さてここで、微差が大きな差をもたらすことをお伝えしておきましょう。

今の一文（ちなみに、なぜその質問をお聞きになりたいんですか？）の中で、一番重要な言葉はどれだと思いますか？

「なぜ」？　「質問」？　「お聞きになりたい」？……。

いいえ、どれも違います。**答えは、冒頭の「ちなみに」の４文字です。**

試しに、この言葉を抜いて、今の質問を口にしてみてください。相手があなたに質問をしてきたとします。その後に尋ね返します。

コンサルトーク

「なぜその質問をお聞きになりたいんですか？」

なんとなく、喧嘩を売っているみたいな感じになりませんか（笑）。

そこまでではなくても、その質問に不満があって聞き返しているみたいになる恐れがあります。

次に、「ちなみに」の４文字をつけて、口にしてみてください。

コンサルトーク

「ちなみに、なぜその質問をお聞きになりたいんですか？」

少しニュアンスがマイルドになりますよね。

このような微差が対話をエレガントにするか、ブサイクにするかを決めます。もし、それでもまだ言いにくければ、冒頭に、

「ちゃんと意図を汲み取ってお答えしたいので確認したいんですが」

と言い添えれば、さらに言いやすくなります。

それは「相手から適切な回答を得るためのプロセス」です。だから、遠慮する必要なんてまったくありません。

デキるコンサルタントは、そのことをよくわかっています。だから、質問されたら、ちゃんと相手の意図を確認するのです。

「半額なら今すぐお願いしたい」と値切られたときの切り返し方

僕がコンサルで独立した当時の営業において、ほとんどの人は最終的に月額15万円

の顧問料で契約をしてくれました。ただ、なかには「半額だったら今すぐ来てほしいのに」と言われたケースもありました。

こういう場合、みなさんだったらどのように返答するでしょうか?

ここでいくつかの考え方があると思います。

1つには、一貫性を保つため「NO」と断る。

他のお客さんには「いや、半額ではお請けできないので、月額15万円でよろしければお請けするし、それでは予算を取れないということであれば、今回はなかったことにしましょう」と言っているにもかかわらず、ある会社だけ特別扱いで「半額でやります」と言ったとしたら、自分の中で一貫性が保てません。

もちろん、正規料金を払ってくださる他のクライアントに対しても失礼なことになるでしょう。だから「NO」と断るという道が1つです。

2つめの選択肢が何かというと、「条件付きでイエスと言う」ことです。

条件付きとはたとえば、**「時間単価を下げずにサービス提供する方法を提案する」**ということです。

滞在時間6時間で15万円を提示した場合の時間単価は、滞在1時間あたりにすると2万5000円です。そこで相手が「7万5000円だったら今すぐ来てほしい」と言った時に、同じ6時間を使って7万5000円のコンサルをすると、これはただの値下げになってしまいます。そうすると、先ほどの一貫性が保てません。

ではこれを、滞在時間を短縮して、コンサルの範囲も限定して行うとしたら、どうでしょうか。たとえば、

コンサルトーク

「3時間で幹部社員との面談だけをやるという契約で7万5000円だったらお請けできます。ただ時間は3時間に限らせていただきます」

というように。さらに言うと、これを3時間ではなく「2時間でやります」というふうに提案したらどうでしょう。

コンサルトーク

「2時間で7万5000円の幹部面談であれば、お請けしたいと思います」

これだったら価格としては半額になっているようにみえますが、時間単価でいうと

むしろ値上げしているともいえます。

一貫性も保てます。

そしてクライアントとしても、「社員とのミーティングもやってほしいと思ってはいたけど、一番の望みは幹部社員向けの財務に関するミーティングだったので、そこさえカバーしてもらえるなら、それでもいいよ」と、この条件でOKを出してもらったこともあります。

そして、「条件付きでYES」と言う場合のもう1つの考え方は、**「時間軸を長くとり、後で値上げをするシナリオを、あらかじめ描いておく」**ということです。

たとえば、最初の半年間は幹部社員向けに2時間で7万5000円の面談をしていきます。ところが半年後に、「今度はその下の階層である店長向けの財務教育をしませんか？」という提案をする用意をしておきます。

僕が独立当初に関与したあるフランチャイズの本部では、各店長の採算意識が当面の課題として重要視されていました。ところが、販売やPOPの作り方、マーケティングに関しては興味のある店長たちでしたが、財務やキャッシュフローに関してはほとんど知識がないというのが課題でした。

そこで、「財務やキャッシュフローをわかりやすく解説してもらえたら、『販売促進』と『利益を生む』という概念が結びついてもっと業績が上がるのではないか」と幹部社員は考えました。

「ぜひ店長向けに研修をしてほしい」と依頼が入り、半年後には貢献内容が増えて、報酬が倍に上がりました。

ここで大事なポイントは、**「別の日ではなく、幹部社員面談と同じ日に店長研修を組み込んでもらう」**ということです。

つまり訪問回数を月2回に増やすのではなく、月1回の訪問の中で幹部面談と店長研修を両方やるということです。午前中に幹部面談、午後から店長研修、というように。

そうなれば、当初考えていた「月1回訪問、6時間で15万円」という提案が実現しやすくなります。ここで重要なのは、幹部社員との面談をしながらも、**単にコンサルをするのではなく、相手のお困りごとを引き出す目的意識を持ちながらやる**こと。

つまり、**コンサルしながら営業をしている**、という発想を持てるか否かが、長期契約を勝ちとるための別れ道になります。

このように、顧客や見込み客から「半額なら今すぐお願いしたい」と言われた時に、その言葉に反応するのではなく、**「どういう条件であれば請けてもいいのか？」**ということを自分のなかであらかじめ決めておくことによって、せっかくの受注チャンスを逃さずにすむのです。

特に、この時間単価という概念は、価値を時間に乗せて提供するコンサルタントにとっては、とても重要な概念になります。

営業とは、自分を売り込む行為ではなく、○○をすること

コンサルタントの中には、営業が苦手だ、という人が少なくないようです。

つまり、「相手から相談を持ちかけてきてくれたら、それに答える自信はあるんだけど、自分から売り込むのはどうにも苦手で……」という感覚を持っているようです。

そのような1人と話をしていて気がついたのですが、彼は、無意識のうちにつくっていた「営業の定義」が自分にブレーキをかけていることがわかりました。

その営業の定義は、次のとおりでした。

「営業とは、こちらの商品・サービスを売り込む行為である」

その一方で、彼はコンサルティングについて、次の定義を持っていました。

「コンサルティングは、相手に望まれてからするべきであって、こちらから売り込むべきものではない」

「営業とは売り込む行為」であり、一方で「コンサルはこちらから売り込んではいけない」と考えていました。つまり、**2つの矛盾する定義を同時に持っていたため、それぞれがブレーキとなり、行動を起こせず、成果が出なかった**のです。

ところが、その思いこみを解除する、別の新しい定義に置き換えたところ、ブレーキが外れ、行動を起こし、成果を出せるようになりました。その新しい定義とは、次のとおりです。

営業とは、こちらの商品・サービスを売り込む行為ではなく、相手のお困りごととこちらの商品・サービスをマッチングするお見合いである。

この新しい定義を腹落ちさせた彼は、営業でいきなり自社の商品・サービスを説明することはなくなり、まず相手のお困りごとを突き止めるべく、ヒアリングをじっくりと行うようになりました。そして、そのお困りごとにマッチした商品・サービスだけを提案しました。

その結果、今では月額15万円のコンサルティング契約を複数社獲得できるようになったのです。

コンサルタントなのに、外注業者扱いされてしまう理由

コンサルタントからの相談で多いのが、次のような悩みです。

「最初は月1回訪問と言っていたのですが、気がつけば月に2回、3回は訪問しています。時間も最初は半日でと言っていたのに、気がつけば朝から夜まで長く滞在している、なんてことになるのですが、どうしたらいいでしょうか？」

さて、この質問に対して、みなさんはどのように考えるでしょうか。

コンサルタント経験がない人が見よう見まねで始めた場合に陥る落とし穴の1つが、このパターンです。つまり、〝コンサルの形〟を決めていないということです。

コンサルの形とは、「月何回訪問するのか」、そして「1回何時間、面談なりミーティングをするのか」、「会わない時に電話やメールは受けつけるのか、そして受けつけるなら回数に制限があるのか、ないのか」などを決めるということです。

つまり、**「時間単価をいくらに設定し、月に何時間そのクライアントのために確保するのか」をあらかじめ決めておく**ということなのです。

たとえば僕の場合は、毎月訪問する個別コンサルティングでは月1回訪問して6時間の滞在で顧問料は30万円と決めています。会わない時にメールや電話があった場合には、基本的に制限をつけずに対応をしています。

ただ現実には、滞在中にすべてのことを完了させる工夫をしているので、訪問日以外に連絡がくることは、めったにありません。そうなると30万円の報酬に対して6時間なので、1時間5万円という時間単価になります。

このような基準があると、商品を柔軟にアレンジして開発していくことができます。

たとえば、僕のサービスの中には「電話顧問サービス」というのがあります。月1回30分、電話やＳｋｙｐｅでクライアントの最重要課題について一緒に考えるというものです。

これは月額2万5０００円の半年スパンで請けています。月額2万5０００円なので一見リーズナブルに感じるのですが、時間単価は5万円なので、実は個別コンサルティングの時間単価と同じなのです。

毎月の支払い金額が低いので、「月額30万円は払えないけれども、2万5０００円だったら払えるのでお力を借りたい」と言ってくれるような個人事業主や、あるいは規模の小さい企業の経営者にとっては依頼しやすくなっています。

もし、この形を決めないでいると何が起こるかというと、相手が「あれもしてほしい、これもしてほしい」というリクエストがあった時に、それにずるずる引っ張られてしまうのです。

ところが、こちらが時間単価を意識して、「月に何回訪問なのか、何時間滞在するのか」をきちんと決めることによって、どこまで請けていいのかという線引きができます。

もし、その枠を超えたボリュームの依頼があった場合には、「それは次回の面談で扱いましょう」と提案できるかもしれないし、あるいはその場ではやり方をレクチャーしてあげて、その会社の社員さんにやってもらう、という方法もあるかもしれません。

たとえば、クライアントから「営業の管理表をつくりたい」という要望があった時に、それをコンサルタントがすべて抱え込むのではなくて、「どんなフォーマットの表をつくればいいか」というラフスケッチを手書きして、それを「会社のスタッフさんにエクセルで清書してもらえますか」とお願いをするのです。

それはこちら側の都合だけで言っているのではなく、たとえば次のように、相手にとってもメリットがある形で伝えられたらベストです。

コンサルトーク

「このような資料は今後御社で何度も作る機会があると思います。なので、資料作成担当スタッフを1人決めてはどうでしょうか？　御社でエクセルやワードが得意な方はいますか？　もしいるなら、その方を資料作成担当者と位置づけて、僕との面談に同席させましょう。そこで『新しくこんな資料を作ってみよう』となったら面談中にラフな原稿を僕が作るので、担当者にそれを後で清書していただく。

「こうやっていくと、御社で作っていきたい管理資料やお客さんに配布するチラシなどを、社長がアイデアを思いつくたびに、社長自身が手間をかけずにどんどん形にできるようになりますよね。いかがでしょうか？」

このような提案は相手にとってメリットがあります。コンサルタントがいてもいなくても、必要な書類をどんどん作っていける体制が生まれるからですね。

さらに、僕が面談の時に、どうやって資料を作ればいいかをそのスタッフに教育するので、その人の資料作成スキルも向上します。

このように、**相手のリクエストをすべて受け入れてしまうのではなく、クライアント先の社員を活用する**というのもとても重要な着眼点です。

僕の考え方の1つとして、**「たくさんエネルギーを出す人が一番成長する」**というのがあります。

この論理でいくと、クライアントから依頼されたことを全部コンサルタントが引き受けて、コンサルタントがたくさんのエネルギーを発揮すればするほど、成長するのはクライアントではなくコンサルタント自身である、という皮肉なことになります。

つまり、**すべてを受け入れて、すべてを請け負ってしまうということは、クライアントの成長の機会を奪ってしまっているかもしれない**のです。

このように、「自分がどういうスタンスで接するかを決める」、そして「コンサルの形を決めておく」ということは、外注業者扱いされずにコンサルタントとして尊重されることにもつながっていきます。

契約に向けて、見込み客に期待して欲しいこと、期待して欲しくないこと

コンサルタントとして、クライアントに期待されないよりは、期待されたいものですよね。

ただ、このクライアントが抱く期待には、コンサルタントにとって望ましい期待とズレた期待があります。

「パートナー型」コンサルティングでは、クライアントにどんな期待を持ってもらうのが良いのでしょうか？

まずは、ズレた思い込みの例を3つ紹介しますね。

1つめに、「この人は私の知らないことをたくさん知っている、知識豊富な人だ」と思われようとするのは、ズレた思い込みです。

2つめに、「この人のアドバイスをもらわなければいけない」と思われようとするのも、同様です。

3つめに、「先生としての威厳がなければならない、ハッタリがきかなければいけない」というのも、「パートナー型」コンサルタントには不要です。

「上から目線で教える『先生型』コンサルタント」だったら必要でしょうが、「横に並んで盲点に気づかせる『パートナー型』コンサルタント」には、ハッタリは不要です。

では、クライアントからどんな期待を抱いてもらうといいかというと、次の3つです。

まず1つめは、**「この人と話をしたら頭がスッキリ整理されたな、という感じ」**を持ってもらえること。これは理想的です。対話するごとに、脳内が快になります。

2つめに、**「見落としている盲点によくぞ気づかせてくれた、という感じ」**です。

具体的には、「なるほど！」という言葉を何回も言ってもらえていたとしたら、それはクリアできている証拠です。

「なるほど！」というのは、自分が見落としている盲点に気づかされた時に、思わず出る言葉だからです。

3つめに、**「この人と話をしていると先が見えてきてワクワクしてきた、という感じ」**です。

「その未来のビジョンに、自分も参加したい」とか、「自分がうまく言葉にできていないことを、この人は見事に言葉にしてくれて、まさにそれは私がやりたかったことだ」とか、そういう感じが実際に見込み客の感覚としてあるとグッドです。

なぜならば、これらの感覚が、クライアントの頭の中に「パートナー型」コンサルタントの居場所をつくり、存在価値を高めるからです。

逆にいうと、コンサルタントとして自分の存在価値を客観視したい時は、クライアントにこのような感覚を持ってもらえているかどうかを、チェックするとよいでしょう。

コントロールしないのに
相手が勝手に
動き出す仕組みを作る

コンサル開始時

Chapter 2

受注した直後に訪れる
コンサル特有の不安感とは？

コンサル契約が受注できたら、多くの人は手放しに喜ぶかと思いきや、新たな不安に襲われる人も少なくありません。あるコンサルタントからこんな相談を受けました。

「月額15万円のコンサル契約がとれたのはいいのですが、逆に今は、プレッシャーで押しつぶされそうです」

詳しく話を聞いてみると、彼の意見はこうでした。

「相手が期待してくれていることが、本当に僕が提供しようとしていることと合っているのかがわからなくて、とても不安なんです」

なぜ、このようなことが起こるのでしょうか。

それは、**クライアントの事前期待がボヤけた状態のままコンサルを請けてしまったから**です。

営業段階で、「見込み客が抱えている『お困りごとトップ3』を明快に言葉で定義づけ」してあげなかった。

さらには、「1年間で、何をどの順番で行っていくか」の流れも共有しなかった。

そして、その場の勢いで「いきましょう！」と決めてしまったような場合に、このような不安が訪れます。

つまり、クライアントから何を期待されているのかがわからないまま、推測でコンサルを提供しようとしているわけで、これではよい関係が長く続くとは思えません。

コンサルの受注を獲得した後の〝締め〟として必要なことは、「相手の事前期待を正しく把握する」ことです。具体的には、営業のクロージングの際に、

コンサルトーク

「御社が抱えておられる主な課題は、次の3つだと考えています」


と要約して伝え、クライアントの認識とずれていないかをすり合わせる作業がとても重要なのです。

ところが経験が浅いうちは、見込み客が「コンサルをお願いします」と言ってくれると、つい舞い上がってこの対話を疎かにしてしまいがちです。

しかし、そこはグッと堪えて冷静さを保ち、「顧客は何に困っているのか。それに対してこちらができること、できないことは何なのか」をちゃんと言語化しておくことが、営業の流れの一環としてとても大事なのです。

ちなみに僕の場合、この作業を口頭だけでやるのは不安が残るので、必ずシートや書類を使って行います。

なぜなら、1つには、うっかりして伝え忘れがあるといけないからです。2つには、シートなしで対話をすると相手と顔と顔とを見合せたまましゃべらなければならず、視線がぶつかるからです。

ところが、シートをテーブルの上に置いて、それを見ながら対話をすると、相手も目線をそちらに移し、僕も目線をそちらに移しながら、時々相手を見ることができるので、リラックスして話ができます。

そして、シートにあらかじめ書いてあることを一緒に読み上げていけばいいので伝え忘れがなく、相手に間違った期待や過剰な期待をさせることを予防できます。つまり、**事前期待をマネジメントできる**のです。

また、営業段階で確認したことを、コンサルが始まった初回の面談の冒頭にも、もう1度読み合わせて確認するようにします。

なぜなら、人はそもそも忘れる生き物だからです。また、営業時から初回のコンサル面談までの間にクライアントになんらかの変化があって、コンサルの前提が変わってしまうこともあり得ます。

なので、ダブルチェックの意味で、営業時だけでなく、コンサルの初回冒頭にもこれから1年間の進め方を共有しておきます。たとえば、次のように。

コンサルトーク

「先日のご契約時には、次の3つのことがお困りごとだとお聞きしました。それに対して12カ月間でこのような流れでサポートさせていただく予定ですが、その後、特に変更とかなかったでしょうか？」

受注した直後に訪れる不安感を和らげるためには、このような事前期待のマネジメントをきっちりと行うことをお勧めします。

ちなみに、営業時に僕が使い続けてきた資料「年間コンサルティング・プラン」シート（次ページ参照）は、僕が遠藤晃先生とジョイントで行っている参加費38万円超

基本的な運営スタンス

1. ワニマネジメントコンサルティングのクレドにあるスタンスに基づき、対面・電話・メールを通じて、御社の「ビジョン実現化」のご支援をします。
2. 既成のシステムを一方的に導入するのではなく、御社の状況と課題の優先順位を考慮して、毎回の内容を設定していきます。
3. 御社のビジョン実現化において必要と判断した場合、経営者にとって耳の痛いご指摘を申し上げる場合もあります。
4. 原則として和仁が作業の委託を請けることはありません。各種シートをご提供することがありますが、その運用は面談中以外は原則としてクライアント自身に行っていただきます。
5. 以上のことを、あくまで受身ではなく、自らが勝ち取るという高い志を持っていただき、そこにワニマネジメントコンサルティングのサービスを活用していこうという主体性と向上心のある方に対して、全力でサポートします。

進行のイメージ

1. 毎月1回、昼食も含めて6時間程度の和仁の面談によるレクチャーおよびコーチング、社員ミーティングなどを行います。
2. 相談事項が発生した場合は、その都度、メールや電話等にてご相談に応じます。なお、不具合等による伝達ミス防止のため、メールには必ず返信をお願いします。
3. キャッシュフロー表の作成においては、当社提携事務所に毎月試算表をFAX（またはメール）していただき、面談時にその進捗を確認していきます。

	6月	7月	8月	9月	10月	11月	12月	1月	2月	3月
	・売上目標の確定									
		CF計画表の運用・進捗チェック								
	アクションプラン作成									
		アクションプランの進捗チェック								
		トライアルで実施								
			トライアルで実施							
					トライアルで実施					

著者があるクライアントに提出した「年間コンサルティング・プラン」シート

ゴール

1.家業から企業への生まれ変わりに合わせて、会社としての仕組みづくり
①一貫した判断基準のブラッシュアップ（ビジョン、ミッション、クレドなどの明文化）
②お金の流れの把握とＣＦ経営の実践
③役割の明確化と、スムーズに機能する組織づくり

2.社員から主体的に発案があがる教育と環境整備
①給料・ボーナスの支給制度の見直し（年俸制、ほか）
②評価基準の明確化
③考えを言語化するトレーニング
④社内で意見交換する場づくり（社内シンポジウム、答えやすい質問設定、ほか）
⑤情報量の格差解消と共通言語づくり（課題図書、雑誌、ほか）
⑥社長のモノの見方を社員に語る場づくり

3.その結果として、幹部社員、社員とのビジョン＆価値観の共有

12カ月間のスケジュール

	4月	5月
1. ビジョン及び年間のCF（キャッシュフロー）計画表を策定する		
◆会社のビジョン、ミッション、セルフイメージを社長とマンツーマンで検証		ビジョナリーマップ
◆過去1年間のお金の流れの全体像を把握（現状把握）	CF 計画表で確認	
◆1年間の経営の枠組みについてお金の観点から道筋をつくる そこに根拠を持たせ、1年間の目標値を設定（売上、粗利、利益目標）	CF 計画表の作成 ・前期の確認と CF 計画表の読み方	・固定費・返済計画
◆CFの観点から、プラン（計画立案）、ドゥ（実行）、シー（見直し）の習慣をつけていく		
2. 年間のアクションプランを策定する		
◆その数値目標を達成するためのアクションプランを、時間軸で具体的に描く		
◆毎月の進捗を確認し、軌道修正		
3. 社員とのビジョン&価値観の共有の場をつくる		
◆お金の流れの基本を知る基礎セミナーの開催		
◆主要社員との個別面談		
◆会議へのオブザーブ参加または定例勉強会		
4. 日々直面する課題解決のディスカッション		
◆随時、タイムリーに実施		

コンサル開始時

の「Ｎｏ．１コンサルタントスター養成塾」で提供してきた貴重なツールです。

塾生の多くがこれを営業時に使うことで、スムーズに契約を獲得したと報告をしてくれています。

10年契約が続くコンサルタントはやっている！初回面談の冒頭たった10分で伝えること

クライアントの立場から考えると、「コンサル契約は1年更新で、それ以降の継続の有無はその都度判断していく」というのが一般的でしょう。その場合に、1年以下で契約が終わる人と、3年、5年、さらにそれ以上と続いていく人に分かれます。

その要因は、いったいどこにあるのでしょうか。

もちろん実力の違いもあるのでしょうが、実力が同じでも結果は異なることがあります。

ある時僕は、ほんの小さなアクションによって契約が長く続きやすくなることを発見しました。それは、**コンサルの初回面談の冒頭で、あらかじめ3年スパンでシナリオを作っておき、その内容を伝える**ということです。

1年間の契約であったとしても、です。たとえば、次のような感じです。

コンサルトーク

「今年1年間は、まず会社の軸を作る1年にしたいと考えています。それは何かというと、会社のビジョンやミッション、カンパニースピリッツ、そして行動指針であるクレドをきちんと言語化し、社長の考えが誰にでもわかるように見える化することを1年かけてやっていきます。もちろん日々起こる課題についても扱って解決をしていきます。ですから、これから1年間のテーマは『会社のあり方の見える化』です。

そして次の1年間で、これを幹部社員とも共有し、他のリーダークラスとも共有していきます。つまりテーマは、『会社のビジョンの幹部社員との共有』です。

そして次の3年目になると、これを幹部社員が自分の言葉でしゃべれるようになりますから、今度はそれを一般の社員に浸透させていく。つまり『会社のビジョンやクレドの全社員への浸透化』です。大まかにこの1年、2年、3年をこのように捉えて3年スパンで取り組んでいくと、社長がやっていきたいと考えておられることが形になると思いますが、いかがでしょうか?」

（相手の反応を確認した上で）

コンサル開始時

コンサルトーク

「そのなかでもこれからの1年は、まさにあり方を言語化するという大事な期間です。それを1人でやるとなかなかうまく言葉にならなかったり、自分のことは客観視しにくい面もありますよね。なので、私がサポートしながら一緒に言語化していくので、頑張っていきましょう。そして2年目、3年目に私のサポートが必要かどうかは、それぞれの時点で判断いただければと思います」

ということを、最初に10分程度でお伝えしておくのです。

「なぜ、複数年にわたってコンサル契約を結ぶ必要があるのか」という意味がわかれば、そして、その価値を感じてもらえれば、クライアントは契約更新を望みます。

つまり、そのコンサルで成果が出ることは当然として、**「なぜ、あなたと翌年以降も契約を結ぶ必要があるのか」という〝理由〟が必要**なのですね。

その理由をコンサルタントが自ら用意して冒頭で伝えているかどうかで、クライアントの心構えとして、「このコンサルタントと複数年にわたって付き合う可能性がある」のか、それとも「1年で契約が終わる前提でコンサルを始める」のかが決まってしまうということなのです。

このようなことを僕は大切な教訓として塾生に次のように伝えています。

「先に言えば説明、後で言えば言い訳」

なんだよ、と。つまり、先に言っておけば相手もそのつもりで心の準備をしてくれるけど、後で言うと相手にガッカリ感や不満を感じさせてしまい、言い訳にしかならない、ということです。

「コンサルによって会社はどう変わるのか」というストーリーを複数年にわたる時間軸で共有した上で、これからの1年間の位置づけを語ってみてください。

「やること、やらないこと」を明らかにするから信頼感が高まる

僕が営業で使っている前述の「年間コンサルティング・プラン」シート（116〜117ページ参照）の中に、〈基本的な運営スタンス〉という項目があります。

ここには僕がどのようなスタンスでコンサルをするのかについて、ポイントを5つ挙げています。僕はこれを必ず営業段階で読み合わせをし、クライアントにも了承し

てもらうようにしています。

ここで一番伝えたいのは、「やること、やらないこと」を最初の段階で明確にしておくことです。

たとえば、「やること、やらないこと」に関して、次のような項目があります。

「御社のビジョン実現化において必要と判断した場合、経営者にとって耳の痛いご指摘を申し上げる場合もあります」

これは「やること」ですね。

これをあえてシートに記載しているのには、理由があります。コンサルタントから見て、時に「社長のこの言動は会社の不利益になっているのでは？」と感じることがあります。

その時に、コンサルタントはそれを指摘する必要を感じますが、なかにはそれを言えない人もいるのです。

なぜならば、それを言うと社長の機嫌が悪くなって関係性がギクシャクしたり、最悪の場合、コンサル契約が切られるかもしれないと恐れるからです。

「でも、言わなければ社長は変わらない。ならば、コンサルとして言うべきでないか」とその狭間で葛藤するわけですね。

ところが、これも「先に言えば説明、後で言えば言い訳」の教訓の通り、契約段階で社長と冒頭の1文について合意がとれていたら、どうでしょうか。おそらく多くの社長はこう言うでしょう。「もちろんです」と。

さらには、「むしろそれを言ってほしいからコンサル契約を結んでいるので、何か気になることがあったら遠慮なくおっしゃってください」とまで言ってくれる人もいます。

ここまであらかじめ言われていれば、後で気になった言動があれば、躊躇（ちゅうちょ）なく指摘することができます。ただし、大事なのはその〝言い方〟です。**相手がちゃんと受け止めやすいような表現で伝える配慮は必要**であることは言うまでもありません。

それから、「年間コンサルティング・プラン」シートには、次の項目もあります。

コンサルトーク

「原則として和仁が作業の委託を請けることはありません。各種シートをご提供することがありますが、その運用は面談中以外は原則としてクライアント自身に行っていただきます」

この項目は、Ｃｈａｐｔｅｒ１でもお伝えした通り、こちらが「やること」だけでなく、「やらないこと」を明確に伝えることによって、何でも屋とか業者扱いされないためにも大事なことです。

ただ、「やらない」と言うのは勇気がいります。クライアントにとってみれば、あれもこれもやってほしいと思うのが本音ですからね。

そこで、**「やらないこと」を伝える以上は、「それをやらないけれども、こういう観点ではサポートするので安心してください」といったフォローが必要**になります。

「言葉」だけに頼らず、「安心・安全・ポジティブな場」を作る方法

コンサルタントは「言葉を使ってクライアントに成果をもたらす」のが仕事です。

ところが、言葉ばかり意識し過ぎて、それ以外に意識が向かない人もいます。

それはたとえば「表情」、そして「間」です。これらすべてが相手に影響を与えています。

まず、「表情」についていうと、みなさんは、**自分がしゃべっている時、あるいは**

話を聞いている時にどんな表情を相手に見せているかご存じでしょうか？

ほとんどのコンサルタントがそれを知らないはずです。

なぜならば、それをリアルタイムに知るためには手元に鏡を置いてチラチラ見るか、クライアントに「今、私の表情どうですか？」と尋ねない限りわからないからです。

そしてコンサルの現場でそれをする人はほとんどいません（いたら、気持ち悪い…）。


僕はコンサルタントの養成塾で、人がコンサルをしている場面を数多く見ているのでわかるのですが、過半数の人が硬い表情をしています。

「クライアントが成果が出ないとしたら、その原因はコンサルタントのリアクションの薄さにあるのではないか？」と思うことすらあります。

そのリアクションの薄さが、その場の雰囲気を悪くしてしまっていると言っても過言ではありません。


そこで一度トライしてみていただきたいのは、**自分がどんな表情でしゃべったり話を聞いたりしているのか、録画して見てみる**ということです。

人からああしなさい、こうしなさいと言われるのが嫌なコンサルタントでも、自分で撮った動画を見た時には、何かしら感じることがあるはずです。

もしかしたら、最初はショックで寝込んでしまうかもしれません。

これまでの経験で言いますと、「そんなの見たくありません。見たら、きっと死にたくなりますから」と言って拒否する人もいました。ただ、よく考えてみてください。**自分が見て寝込んだり、死にたくなるような表情やボディランゲージを、今後も一生、クライアントにさらし続けたいですか？**

それとも一時はショックでも、そこで自分の表情やボディランゲージに意識を配り始め、コンサルが〝安心・安全・ポジティブな場〟になるように、いい影響を与える表現力を身につけたいですか？

答えは自ずと決まりますよね。

表情と合わせて意識していただきたいのが、「間」の取り方です。

人によっては、クライアントとの間に沈黙という「間」が生まれることを怖がる人がいます。それゆえに、言葉で隙間（すきま）を埋めたくなる衝動が湧いてきて「間」を埋めていきます。

ところが、この「間」が大事であったりするのです。なぜなら、「間」というのは相手が考えるチャンスでもあるからです。このことについては、以降のChapterでも詳しくお話しします。

相手の「お困りごと」をズバリ一言で言語化するスキルの磨き方

コンサルタントは言葉を使ってクライアントに行動させ、気づきを与え、成果を引き出す仕事です。したがって、**高度な言語化スキル、すなわち物事や現象を簡潔な言葉で定義づけする力が問われる**わけです。

その力こそが、本書のテーマである対話術の土台となります。

ところが、これを「天性のセンスの問題だ」と捉え、「自分にはそういうセンスがないから仕方がない」とあきらめてしまう人も少なくないようです。

でも、僕はそうは思いません。

なぜなら、僕自身もともとは言語化が苦手だったからです。

独立前の営業マン時代は、相手の話を要約して「つまり、社長がおっしゃることは

○○ってことですね?」とオウム返しをしても、たいていは「いや、そうじゃなくて」と言われ、話の腰を折る日々でした。

そんな僕が今では言葉を駆使して人に気づきを与え、行動を促し、成果をもたらすことができています。

つまり、言語化スキルは先天的なセンスなどではなく、後天的に磨くやり方があるということです。

では、どのように磨けばいいのでしょうか?

僕は、言語化スキルは次の2つの力の掛け合わせだと考えています。1つは「本質をつかむ力」、もう1つは「ボキャブラリー力」です。

【言語化スキル】=【本質をつかむ力】×【ボキャブラリー力】。

「本質をつかむ力」とは、目の前で起こっている出来事が要はどういうことなのか、その本質を短時間でつかむ力のことをいいます。

たとえば、上司と部下の間でよく喧嘩(けんか)があり、コミュニケーションがうまくいっていないとしましょう。

何が問題かというと、表面的に見れば「上司の伝え方が乱暴だから」とか、「部下の態度が横柄（おうへい）だから」ということが原因のように感じることがあるとします。

しかし、よく観察していくと、**実は問題の本質はもっと単純で、「上司と部下の精神的な距離感が遠いから」だったりする**ことがあります。

つまり、接触頻度が少なすぎて、お互いの背景や置かれている状況をよく知らないので、誤解が誤解を招いてギクシャクしていたということです。

その場合、本当の解決策は「伝え方」とか「聞く姿勢を磨く」ということ以前に、「一度2人で飲みに行く」ということだったりします。

あるいは、直接2人だけで飲みに行くのに抵抗があるのならば、間にもう1人第三者を介在させて腹を割って話をしたり、お互いがどういう背景で今まで生きてきたのか、ざっくばらんに語り合うことでお互いへの理解が深まり、精神的な距離感が縮まって、コミュニケーションもよくなることでしょう。

このようなことが「本質をつかむ力」です。

そして、もう1つ重要なのが「ボキャブラリー力」。つまり本質がわかったとしても、それを表現する語彙、ボキャブラリー力がなければ伝えることはできません。

先ほどの例でいうと、「精神的な距離感が遠い」という言葉は、そのボキャブラリーを持っていない人には表現できず、問題の原因を人に伝えたり、解決策を実行するまでには至らないのです。


では、この2つの力はどのように磨けばいいのでしょうか。

まず、「本質をつかむ力」を磨くために、すぐにできる大切な習慣を1つご紹介します。

それは日常的に、特にコンサルの現場において、次の2つの質問を自分に投げかけることです。


「1番：この現象の本質は何か？」

「2番：なぜ私はそう考えるのか？」


この自問自答を3回繰り返します。それを親しい仲間とディスカッションして考えを深めるということも有益です。この量稽古によって本質をつかむことができます。

さらに、**つかんだ本質を表現するボキャブラリー力を磨くためには、人から聞いた言葉の中でピンときたもの、あるいは心に引っ掛かったものをその場でメモして、次に自分が使えるように蓄積していく**ことです。

やはり人は自分の中にない言葉を使うことはできないので、ボキャブラリーを増やしていくという行為は、大切な準備になります。

ほとんどの人は「ボキャブラリーを蓄積する」ことに無頓着なので、大切なキーワードが目の前にあることに気づかず、スルーしています。

なんともったいないことでしょう！

さて、この【本質をつかむ力】と【ボキャブラリー力】。

それぞれ、自己採点10点満点で、何点をつけることができるでしょうか。

もし【本質をつかむ力】が8点で、【ボキャブラリー力】が2点、8点×2点＝16点の人がいたとします。

その人が高めの【本質をつかむ力】にさらに磨きをかけて、8点を9点にしたところで、その2つの掛け算は9点×2点＝18点です。投入する労力の割に、トータルではたった2点の増加。大きな変化はありませんね。

ところが、低めの【ボキャブラリー力】の強化に努めて点を4点にするとどうなるでしょうか。8点×4点＝【言語化スキル】は32点。いきなり倍増です。

そもそも現状が2点ということは、その部分にあまりフォーカスしてこなかった証拠です。ならば、そこに注目してみるだけですぐに変化は現われるという、美味しいポイントなのです。

正しい「やり方」を教えてもクライアントが動いてくれない本当の理由

コンサルタントからの相談の中で多いものに、「コンサルをして、現状を改善するやり方を教えても、クライアントが動いてくれないんです。たとえば、宿題を出してもやってきてくれない時、どうしたらいいのでしょうか？」という悩みがあります。

もちろん、答えは1つだけではありませんが、重要なポイントは、ここです。

「〝やり方〟は教えているけど、それをやる〝意味づけ〟がされていないから」

なぜ、それをやる必要があるのか、納得できなければ、人は動いてくれません。

たとえば、僕がコンサルの現場で経験した、ある製造業の事例をご紹介しましょう。

その会社の工場では班長の言葉が厳しすぎて、他部署から異動で配属になった主婦のパートスタッフは、家庭の事情で早退をしたくてもそれを言い出しにくい、という悩みを抱えていました。

というのも、彼女が配属された初日の朝礼で班長が、「欠勤や遅刻、早退が当たり前という人は、ウチの部署にはいらないからな」と全員を前に語っていたからです。

このパートスタッフは「家庭の事情で、娘が熱を出したので帰りたいのですが」ということが言いにくいとストレスを抱えていたのです。

この場合、そのパートスタッフに対して、「班長と話し合いの場を持ちなさい」というアイデアや提案は意味を持つでしょうか？

おそらくそう伝えたところで、班長がちゃんと理解してくれるイメージが描けないし、そもそも何をどの順番でしゃべったら伝わるのかもわかりません。これでは問題は解決しないでしょう。

一方で、彼女に次のような問いかけをしたらどうでしょうか。

コンサルトーク

「班長は、何に対して許せないのでしょうか。やむを得ない家族の事情で早退する人を、班長は認められないのでしょうか。

もしそうだとしたら、ただでさえ人手不足で悩んでいるなか、働ける人がいなくなり、班長1人で仕事を抱え込むことになってしまう。

それで一番困るのは班長です。そのことは班長が一番よくわかっているはずです。つまり、班長は『家庭の事情でやむを得ず早退すること』に対して文句を言っているのではない。班長が一番許せないのは、『本来やれるはずの人が、やる気を示さない姿勢』『積極的な心構えを示さない姿勢』ではないでしょうか。

もしそうなら、まず主婦のパートスタッフが班長との間ですべき対話は、次の2つです。1つは、『家庭の事情で、できることとできないことがある』こと。2つめに、『その中でも、できることに対しては精一杯やる覚悟がある』こと。

この2つを、班長に伝えてはいかがでしょうか?」

このパートスタッフは、僕の言葉が腑に落ちたようで、班長と話し合いの場を持ち、意思疎通が始まりました。

これは「情報の不一致を解消する」という一例です。

単に「話し合いの場を持ちなさい」という提案では意味を持ちませんが、「何が問題の本質なのか」を突き止め、その解決につながるイメージが描ければ、「やってみよう」という気持ちになれたりします。

この例で言えば、「班長と意思疎通を図ることで、ストレスなく安心して気持ちよく働けるようになる」というのが〝意味づけ〟です。そして〝やること〟は「2つのことを班長に伝える」ことです。

このように、**〝やり方〟と〝意味づけ〟は2つでセットだ**ということをコンサルタントが意識していると、クライアントに対する影響力にもまた変化が出てくるはずです。

業種・業態のカベを超えてコンサルする秘訣とは？

コンサルタントとしてすでに実績を出しつつある塾生さんから、次の質問を受けました。

「ある業種内では一定の実績もあり、評価されるようになりました。でも今後は業種・業態を問わず、全方位的にお役に立てるようになりたいんです。どうしたらいいでしょうか?」

専門知識を切り売りする「先生型」コンサルタントの場合、これはとても難しい課題になります。クライアント以上にその分野の知識を深めなければならず、その蓄積には一定の時間と経験が必要だからです。

一方で、相手のお困りごとの解決を横に並んでサポートする「パートナー型」コンサルタントの場合、ある発想を持ちさえすれば、これが可能になります。

それは、**上下の軸、すなわち「抽象度」(上の階層)と「具体度」(下の階層)を自由自在に往復する発想**です。

「具体度」が高い下の階層で関わると、たとえばWebや医療に関する専門技術についての知識が必要になります。その分野を掘り下げていけば、独自の優位性を高めることはできますが、環境の変化でその専門技術が古くなったり、そもそも必要性がなくなれば、そのコンサルタントは存在価値がなくなるでしょう。

一方、「抽象度」が高い上の階層で関わると、細かな分野の専門知識はなくてもよく、俯瞰してクライアントのお困りごとの本質をつかみ、必要な提案をすることで存在価値を発揮することができます。

そこで明らかになった論点を、次に専門家に投げかければいいのです。

事例を1つ、説明しますね。

たとえば、ある社長から「細かなことにしつこく文句をつけてきて社員を疲弊させるクレーマーに対して、どう対処すればいいか?」という相談があったとしましょう。

その相談にのる際に、たとえば弁護士などの法律の専門家が「具体度の高いアプローチ」をする場合、次のような感じになります。

コンサルトーク

「それは、消費者の権利として、クーリングオフの権利が守られていて、○○の部分はやむを得ません。しかし、○○の点についてはこちらとして手立てが打てます。具体的には……」

というように、現状を整理し、今後の対策をアドバイスする。これは専門家でなければできないことです。

では、法的な知識のないコンサルタントが、「抽象度の高いアプローチ」をする場合、どうなるかというと、次のような対話になります。

コンサルトーク

「今回のご相談内容は、いくつかの論点から議論できると思います。そこで、まず社長が次のどの論点について問題を感じておられるか、確認してよろしいでしょうか。

1つめは、『クレーム予防策について』。つまり、次から同様なことが再発しないためにどうするか考えたい、という論点です。

2つめは、『ざわめく感情の処理方法について』。つまり、理不尽なクレームで被害を受けている状況に対して、対応した社員の怒りや不安な感情をどのように整理すればいいか、という論点です。

3つめは、『法的手段の選択肢について』。つまり、今回の問題についてまだ解決の糸口が見出せず、最悪の場合、法的な手段に頼るとしたら、何ができるか、という論点です。

この中で、社長が一番問題と感じているのは、どの論点ですか?」

できるコンサルタントの発想は自由自在である

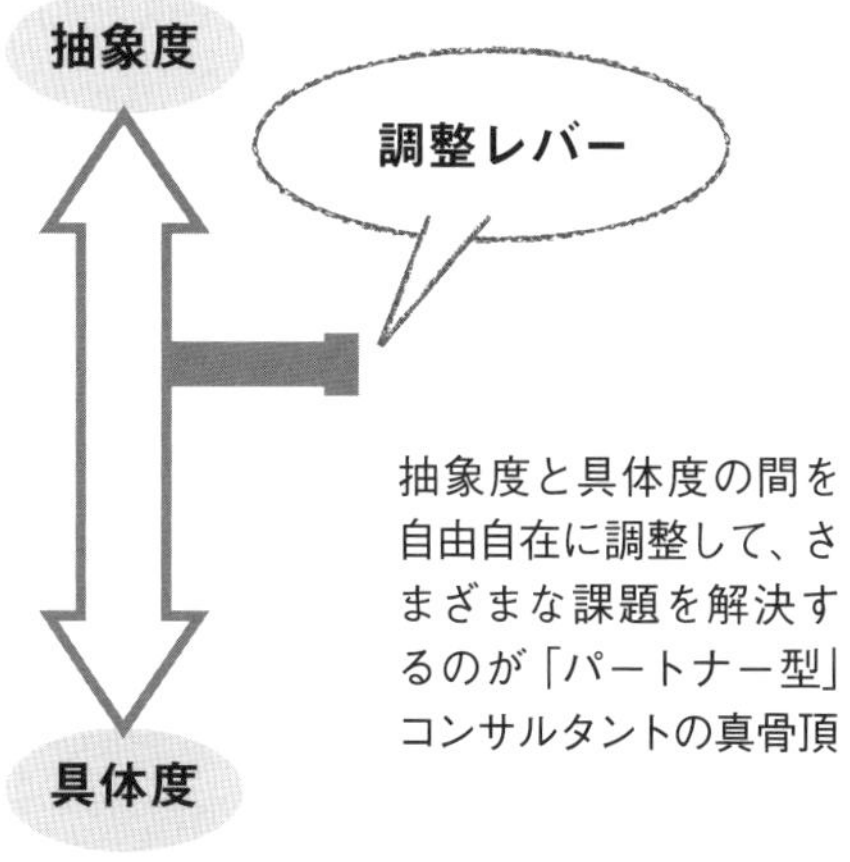

抽象度

調整レバー

具体度

抽象度と具体度の間を自由自在に調整して、さまざまな課題を解決するのが「パートナー型」コンサルタントの真骨頂

社長が一番問題と感じることが自分の専門分野で対処できることであれば、さらに踏み込んで具体度の高いアプローチをすればいいし、専門分野外のことなら、信頼できる外部提携パートナーを紹介すればよいでしょう。

したがって、日頃から幅広い問題解決ができるように、信頼できる外部提携パートナーとのネットワークを築いておくことも大切です。

また、そもそもコンサルタントとして先ほどの3つの視点を発見できるようになるために大切なことがあります。

それは、「1つの出来事や行為に対して、複数の視点で考える習慣」を持つことです。具体的には、日常生活の1つひとつの出来事に対して、異なる角度からの視点を探す訓練をします。

たとえば、本書を読むときもただ漠然と読み始めるのではなく、3つのゴール、たとえば、

①本書から納得のコンサルタント報酬を得る具体策を3つ学ぶ
②難しいことをわかりやすく伝える表現方法を習得する
③朝礼スピーチで使えるネタを入手する

といったように、角度を変えたゴール設定をあらかじめしておく、ということです。

このように、「抽象度」と「具体度」の階層を自由自在に行き来できるようにすると、全業種・業態対応型でコンサルができるようになります。

すると、すべての重要な課題についてクライアントから相談を持ちかけられることになり、自分の存在価値はさらに高くなることでしょう。

「本人も気づいていない問題の核心」を引き出す質問術

課題の深掘り

Chapter 3

相手が思わずフリーズしてしまう質問とは

コンサル契約をして、最初のころの対話の中で、

「社長が会社をつくった理由は何ですか？」

というような答えづらい質問をして、相手をフリーズさせてしまった経験はありませんか。まだ関係性が深まっていない段階での沈黙は、なかなかしんどいものがあります。

対話には、エレガントな対話とブサイクな対話があります。流れがブツ切れになった先ほどの例は、ブサイクな対話です。

その点、後述する「誘い水トーク」をマスターすると、そのようなことはなくなり、スムーズに流れるエレガントな対話に変身します。

しかも、エレガントな対話は、相手自身も気づいていない本音を引き出し、問題の本質を突き止めることになるので、結果的にコンサル力もアップし、クライアントからの評価も高まります。

そこでこのＣｈａｐｔｅｒでは、まず、エレガントな対話をもたらす質問術を紹介します。

対話が弾まず、いちいち沈黙が生まれる2つの理由

さて、さきほどの例に戻ります。

「社長が会社をつくった理由は何ですか？」とコンサルタントが尋ねたときに、相手が答えられずフリーズしたのは、なぜでしょうか。大きくいって2つの原因があります。

①質問が大き過ぎるから
②質問が唐突過ぎるから

このどちらか（あるいは両方）がフリーズを招く原因です。ならば、それをいかに避けて、アプローチするかをこれから考えてみましょう。

僕がクライアントから質問されても
すぐに答えないのはなぜか

コンサルティングというと、「クライアントから相談をされて、それに対してアドバイスをする」行為というイメージがあるかも知れません。しかし、本書で提唱する「パートナー型」コンサルティングでは、いきなりアドバイスをしません。その代わりに、逆に質問をしていきます。

その際に、「本当にこの人が知りたいことは何だろう?」と突き止めるために、深く質問をしていきます。

コンサルトーク

「なぜ、それがあなたにとって問題なのですか?」
「それは、あなたにとって、どういう意味がありますか?」
「それをそのまま放置しておくことは、どんな不都合につながりますか?」

という具合に。そして、「先生型」コンサルティングと比べて、「パートナー型」コンサルティングはこの質問を深く深く掘り下げていくところに特徴があります。

なぜ、そこまで質問するのか。**それは、コンサルの仕事の80パーセントを占めるのが、相手の状況を正しく把握すること**だからです。

「どれくらいのレベルで把握するのか」というと、**相手の今の職場環境、会っている人、関わっている人たちの雰囲気など、場の状況がフルカラーで描けるレベル**です。

相手が頭の中に描いている絵と、こちらの頭の中で描いている絵が同じだと思えるぐらいに、です。

実のところ、状況を正しく把握するところまでがコンサルの仕事の80%です。それさえ見えてしまったら、あとはコンサルタントがそれぞれに専門分野や知識を持っているのですから、それを当てはめれば解決策が見えてきます。

でも多くの人は、**相手の描いている絵と違う絵を勝手に自分の頭の中に描いてしまって、そこに自分の持っている解決策を当てはめようとする**からズレるのです。せっかちになってしまっているのです。

「コンサルの仕事というのは、教える仕事だ」と思い込んでいるとしたら、もしかしたら、この入り口のところでボタンの掛け違いが起こっているかも知れない、と僕は

コンサルの仕事の80%は「相手の状況を正しく把握すること」

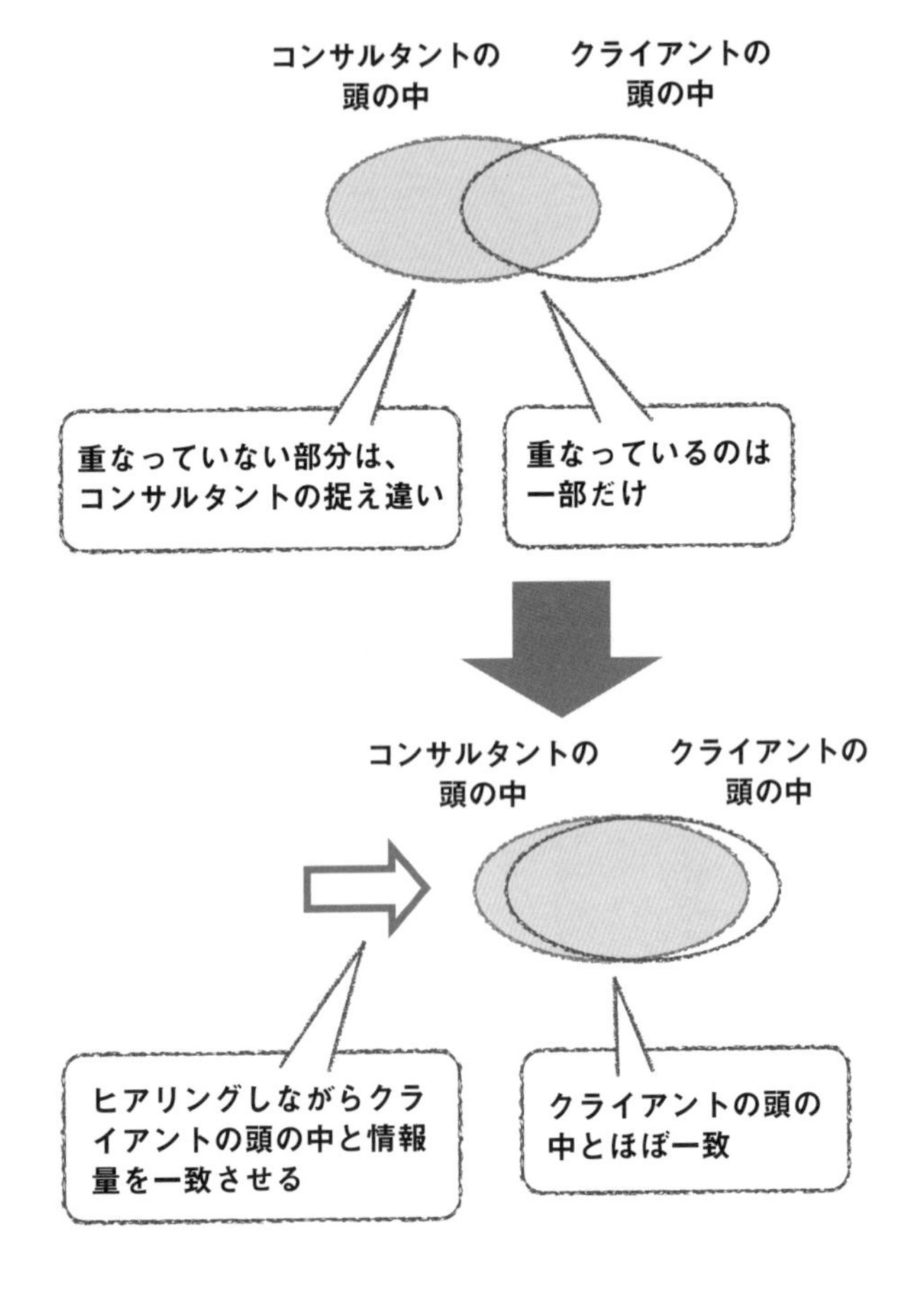

感じます。

だからコンサルタントがフォーカスすべきは、「相手の質問にどう答えるか」の前に、「相手の状況を正しく把握できているか」です。いくら知識があっても、いくらノウハウを持っていても、このスキルがないと的を外してしまいますからね。

知識やノウハウを高める行為は、弓矢の矢先を鋭利に磨くのと同じです。たしかに大切だし、鋭利な矢先でパシッと刺さるけれど、ハズレのところに刺さっても意味がないですよね。

全然クライアントの心に響かないからです。

なので、コンサル現場での質問は、相手の状況を正しく把握することから始めます。

たった1つの質問で、相手の考え方の核心に一気にたどり着くマジッククエスチョン

このように、コンサルティングの仕事で相手の相談に乗る際にもっとも大切なことの1つは、問題の核心を突き止めることです。そして、相手の相談や質問の意図を正確に把握して、その上で、相手が本当に必要とする答えを返してあげるのです。

一見、当たり前のように見えますが、実はこれができる人は少ないようです。

なぜなら多くの場合、相談する人は、考えがまとまらないまま、言葉を投げてくるから。そんな相手の相談事を表面的に受け止めて、ピントが微妙にズレた状態でアドバイスをしてしまう人は、僕の周りでもよく見かけます。

「かと言って、まわりくどく外堀を埋めるような質問ばかり返していても、相手の時間を奪うばかりで申し訳ないし」という葛藤をしているコンサルタントも少なくないようです。


一瞬で相手の相談ごとの核心に踏み込む質問って、あると思いますか？

実はあるんです。非常にシンプルで、かつ効果的な質問があります。

それは、**相手に質問を投げかけて、返ってきた答えに「なぜ？」と問い返す。ただそれだけです。それによって、相手がそのことを問題と考えている背景がわかります。**

そこで、いくつか思い浮かんだ仮説の中から、ピンポイントでアドバイスができるようになります。

ポイントは、それをいかにエレガントにやるか。ぶっきらぼうに「なぜ？」と尋ねるわけにはいきませんからね。そこでコツは、

コンサルトーク

「ある会社で、その同じテーマについて、▲▲と言っていた人がいましたが、Aさんの場合は、なぜそうお考えなんですか？」

と、事例をはさんで相手に考える時間とヒントを与えることです。これは、人にインタビューするときも同様です。質問して返ってきた答えに対して、

コンサルトーク

「世間には、たとえば●●という意見もあるようですが、あなたはなぜそう考えるのですか？」

と問い返すと、さらに一歩深掘りした考えを引き出すことができます。

多くの人がそのマジッククエスチョンを怖くて聞けない理由とは

話を続けましょう。

「でも、それを聞くのが怖い」という人がいます。

「なぜそう考えるんですか？」と単に聞くだけなのですが、わかっていても、いざ現場では「社長、なぜそう考えるんですか？」と聞けない人がいるんです。

なぜ怖いのでしょうか。

それはもしかしたら、「クライアントに『なんで、そんなこと聞くの？』って怪訝な顔をされたらどうしよう？」と不安なのかも知れません。

もしかしたら、クライアントに「う～ん、私のことわかってくれていないねぇ」って顔をされるのが怖いのかも知れません。

あるいは、「なんでそんな初歩的なこと聞くの？」とか、「あなたにそこまでしゃべらなきゃいけないの？　そこまで踏み込んでこないでよ」という顔をされることを恐れているのかも知れません。


このような漠然とした不安や恐れを、潜在的に感じているコンサルタントは多いようです。そういう人たちは不安や恐れを明確に意識しているわけじゃなく、ただ漠然と潜在的に感じています。

なので、僕が方法論として「『なぜそう考えるのですか？』と尋ねるといいよ」と言うと、多くの人は「ああ、わかりました。やります」と言ってくれますが、いざ現場でその場面に直面すると、躊躇してしまうのです。

このように、「バカにされるのではないか」とか「なぜあなたにそれを言わなきゃいけないのか」というように思われる不安や恐怖があると、意外と聞けないんです。

別の見方をすると、**自分がそれを尋ねる「正当性」に疑問があると、聞けない**。

ということは裏を返すと、「私にはそれを尋ねるだけの理由や正当性があります」ということが腑に落ちていたら、躊躇なく聞けるんです。

たとえば、クライアントとの関係性がしっかりできていて、相手が「ぜひお力を貸してください」と全面的に言ってくれている状況だったら、どうでしょう。

コンサルトーク

「僕はあなたがビジョンを実現するのを全力でサポートする右腕なんです。そのためにはいろいろ突っ込んだことも聞きます」

と、安心して言えますよね。それがわかってくれている前提であれば、問題なく質問できます。

あるいは、これは相手に言わなくてもいいのですが、自分の心の中で、

（僕は、わかっていないことをわかった振りをすることは一切しない。僕の頭の中と◯◯さんの頭の中の情報量がはじめから同じわけではない。なので、僕の勝手な思い込みで話を進めていっては◯◯さんにとって不利益だから、◯◯さんの状況をちゃんと正しく把握したいと思っている。だからこそ、『え？　こんなことまで？』と思うようなことまで尋ねよう）

というマインドで接している人は、突っ込んで質問することを躊躇しません。

つまり、「なぜそう考えるのですか？」というセリフは、表面的にはシンプルなセリフなんですけれど、その根底に、どんなマインドがあるかによって、口にできる人、できない人が分かれるのです。

そして、当たり前に言えない人には、さきほどお伝えしたような不安が渦巻いている。言葉にして解説するとそんな感じで、それをみんな薄々感じています。ただ、何となく感じているだけなので、自分に深く切り込めない人が多いのでしょう。

さて、このことがわかった上で、もう1度振り返ってみます。

自分はそのような不安や恐怖はなく、十分正当性があると信じて「なぜそう考える

のですか」と聞けるでしょうか。

それとも、「いやあ、言われてみれば、たしかにちょっとひるんでしまうな」と感じるのでしょうか。

なかには、こんな人もいます。

「自分が知っている業界の人が相手であれば、確実に聞けます。ただ、知らない業界の人が相手だと、『ウチの業界のこと、全然知らないんだな』とバレてしまう恐怖から、一方的に聞き役になってしまうんです」

へたに「なぜそう考えるんですか？」と尋ねたら、「はぁ？　そこ聞く？」みたいに思われるからです。

ちなみに、そのような恥ずかしい思いをせずに済むコツがあります。

初歩的なことを尋ねても、「はぁ？」という顔をされずに済む方法

答えは簡単。ここも、「先に言えば説明、あとで言えば言い訳」で、あらかじめ言

っておくのです。

コンサルトーク

「初歩的なこともあえてお聞きしますが、よろしいですか？」

と。これと似た話で、プライベートに踏み込むような質問をせざるを得ない場合にも、あらかじめ次のように伝えておきます。

コンサルトーク

「もしかしたらプライベートに踏み込んだことまでお聞きすることがあるかもしれません。その理由は○○です。それが●●さん（相手）のビジョン実現に必要だと僕が感じた時には、そのようなことを質問させていただく場合もありますけど、大丈夫でしょうか？」

僕はこれを伝えて、「NO」と言われたことは1回もありません。
なぜなら、それがクライアント自身のビジョン実現につながることで必然性があるなら、断るどころかむしろ歓迎すべきことだからです。
これも言い方が大切で、その意図を言わずに、たとえば「いろんなことを、あれこれ聞きますけど、いいですか？」だと、相手はどう感じますか？

「え？　なんで？」

「いろんなことを、あれこれって、どんなこと？」

と違和感を持ちますよね。

このように、意図がちゃんと伝わるように、前置きをすることで、**「先に言えば説明、あとで言えば言い訳」**を実践すると対話がスムーズにいきます。

こんなに簡単に相手から「OK」を引き出せる！ 2ステップ許可獲得法

ところで、この「先に言う」場合の言い方も微妙なコツがあるんです。次の2つの言い方のニュアンスの違い、おわかりでしょうか？

Aさん：「コンサルにおいて、プライベートなことを聞いていいですか？」
Bさん：「コンサルにおいて、プライベートなことを聞くことがあります。よろしいですか？」

Aさんは、クライアントにいきなり許可を求めていますね。これだと唐突感があって、相手が戸惑う場合があります。

一方、Bさんは「あなただけではなく、僕が関わるクライアントすべてに対してそうしています」というニュアンスが伝わります。

その上で、「今回も、そのように進めてよろしいですか？」と確認すると、いったんワンクッション置いているので、相手はいきなり要求された感じがなく心の準備ができて、安心して「ＹＥＳ」と言えます。つまり、２ステップで許可を得るのです。

この対話のテンプレートはこうです。

コンサルトーク

「当社のシステムは○○になっています。それをあなたにも適用していいですか？」

この「２ステップ許可獲得法」は、いきなり１ステップで「○○をしていいですか？」と言うよりも受け止めやすいはずです。

なぜなら、前段の当社のやり方・システムを説明している間は、クライアントは他人ごととして聞けるからです。「それをあなたにも適用していいですか？」と言われて初めて自分ごとに変わります。

相手は自分に振られる前までは一般論として聞いているので、前段はニュートラルな立場で安心して聞ける。その相手を見ていると、こっちもしゃべりやすい。そんな相乗効果が働くのです。

そしてやってみるとわかりますが、この2ステップ許可獲得法は、口にして言いやすい、というメリットもあります。

コンサルの現場で成果を引き出すために、もっとも大切な1つのこと

ここまで、コンサルの現場で成果を引き出すための「対話の型」についていくつか紹介していますが、その大前提として大切なことがあるので、復習しておきましょう。

それは、プロローグでもお伝えした通り、「安心・安全・ポジティブな場」作りです。この「安心・安全・ポジティブな場」を作る秘訣は、「言葉・表情・態度・行動」だとお伝えしましたが、それとは別の角度からもコツがあるので、少し補足しておきますね。

まず大前提としてお伝えしたいのは、1対多のセミナーでも1対1のコンサルでも、必ず僕が最初の段階で何をやっているかというと、**「安心・安全・ポジティブな場を作る」と、意識的に決める**ということなんです。

意識したりしなかったり、じゃなくて、毎回100パーセント意識して決めます。

正月に初詣に行くくらい、いやもっと日常的に、朝起きたら歯を磨くのと同じ感覚で、当たり前の儀式というか習慣としてやります。

「ただ、意識するだけでいいんですか? それなら、誰でもできますよね」と言われますが、これは誰でもできそうで、意外と忘れてしまう人もいるんです。

だからこの「安心・安全・ポジティブな場」作りを最重要事項として位置付けるということです。番号を付けるとしたら、ゼロ番目です。

「安心・安全・ポジティブな場」を作るため5つのポイント

では、その作り方について、僕が心がけている5つのポイントをご紹介しましょう。

1つめは、言葉使い。**すべて肯定語でしゃべる**。

もちろん時には否定語が出ることもあるでしょうし、ネガティブな言葉が出ることもあると思うんですよ。ただその割合をなるべく最小限にして、プラスの言葉、ポジティブな言葉、肯定語の割合を増やしていくのです。

使う言葉の割合を円グラフで示すとすると、肯定語と否定語のそれぞれが占める面積は最初が50％－50％だったのが、だんだん60％－40％になり、70％－30％になり、だんだん肯定語が増えていくことをイメージして言葉を選ぶ、これが1つめですね。

2つめは、**相手に恥をかかせない**。

クライアント先で社員面談や社員ミーティングをするコンサルタントには特に大事なことですが、言葉使いの次に大事なことは、相手に恥をかかせないという発想です。たとえば、ミーティングの席で「じゃあみなさん、意見ありますか？」と尋ねて、発言してくれた人がいた時に、こちらの期待していた答えと違うことがあったりしますよね。

そこで司会役の人が、「いや、そういうことじゃないんですよ」と言ったら、その発言をした人はどんな気持ちになりますか？

「チェッ、言わなきゃよかった。二度と発言してやるもんか」と思いますよね。これ

「安心・安全・ポジティブな場」を作るためにポジティブな言葉使いを増やそう

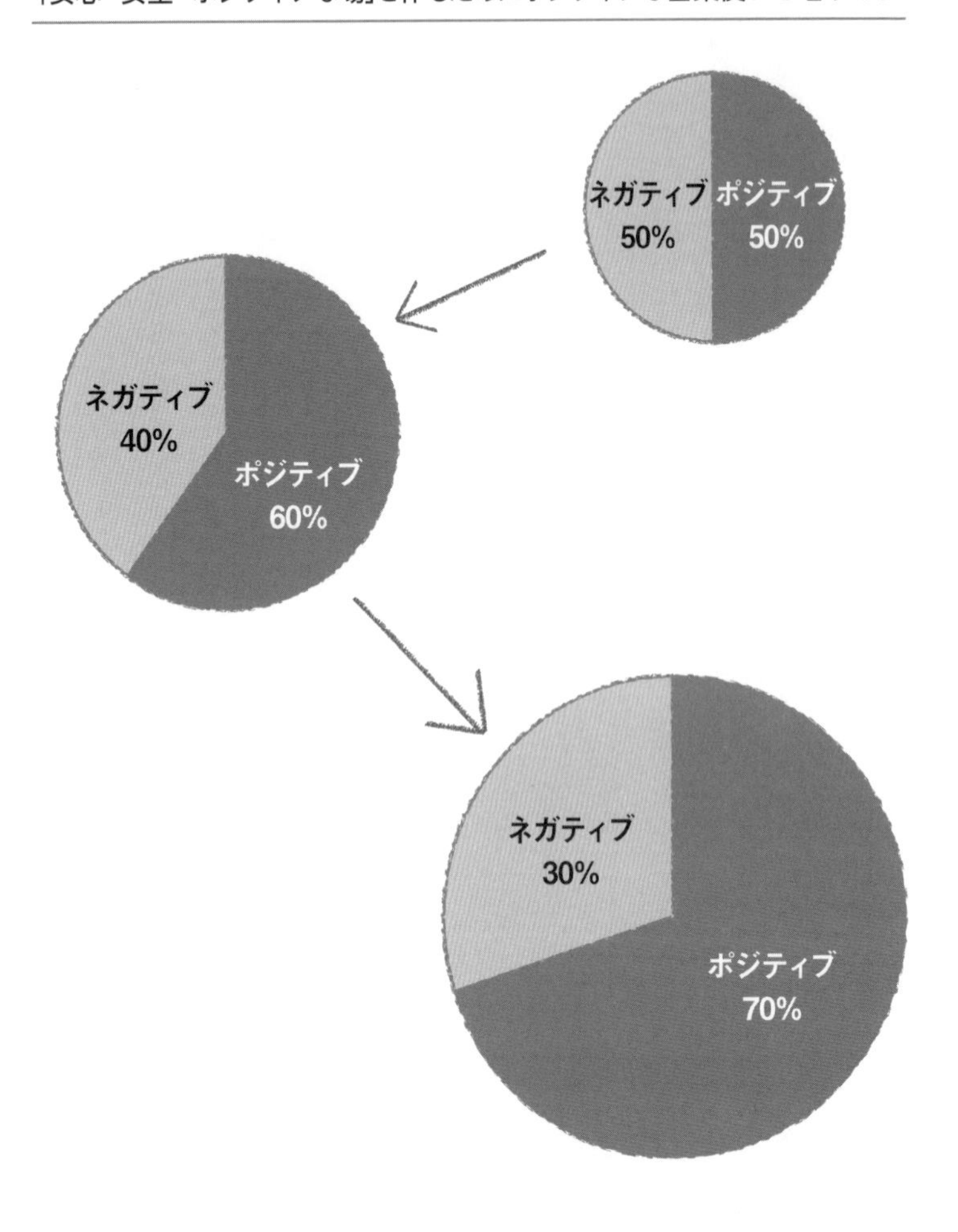

では、「安心・安全・ポジティブな場」になりません。

ここで、「相手に恥をかかせない、発言してくれた主体性を尊重する」というスタンスだったら、期待と異なる答えが返ってきたことを、どう解釈できるでしょうか。

もしかしたら、こちらの尋ね方に問題があったかも知れません。こちらの意図が伝わっていないから、期待と異なる答えを引き出したのかも知れません。

ならば、そこで司会者がすべき返しは、「いや、そういうことじゃないんですよ」という言葉ではないはずです。

コンサルトーク

「あっ、ごめんなさいね。僕、ちょっと言葉足らずだったので、補足しますね」

と言って、意図を補足すべきです。これだと相手も嫌な感じがしないと思います。

あるいは、次のような言い方もできます。

コンサルトーク

「ああ、なるほど。その発想、僕にはなかったけれどそういう考え方もありますね」

これは嘘をついていないですよね。

別に嘘を言えという話じゃないんですよ。

もうちょっとわかりやすく言うと、相手に恥をかかせないということです。

自分の期待通りの答えが来なかったら、それは自分の質問がちょっと誤解を招く表現だったのかもしれない、情報量が足りなかったのかもしれない、など何か理由があるはずです。いずれにせよ相手を否定しないようにすると、場は肯定的になります。


1つめ、肯定語。2つめ、恥をかかせない。

そして、3つめは**「先に言えば説明、あとで言えば言い訳」**を徹底する。つまり、**「前置きトーク」をちゃんと準備する**ということです。

場づくりにおいて、前置きトークはとても重要です。もし初めての人たちの前で長時間のセミナーをやるとしたら、僕は前置きトークをセミナーの前段でかなり意図的に盛り込んでおきます。

たとえば、「安心・安全・ポジティブな場を壊すような発言というのはどういうものか」をいろいろな事例で紹介して、「ああ、そういう言葉を使うと場を壊すんだ」ってみんなが理解した状態にまでその場を整えてから本論に入ります。

もし僕がそれを怠って、参加者の1人がその場を壊す言動をしたら、僕はその人に対して注意しなければならなくなります。

そして注意したら、相手は「なんだよ（怒）」って思うでしょうし、安心・安全・ポジティブな場も作りにくいですね。その予防する方法は、前置きトークをしておくということです。

たとえば、セミナーの冒頭で自己紹介をグループごとにやってもらうときに、よく使うトークがあります。それは、「大演説会はいらないからね」ということ。

自己紹介タイムで、5分、10分と長々としゃべる人っていますよね。そういうことがあった後に、「長々としゃべるのは、なしね」と言ったとしましょう。

その人と関係性ができているならいいのですが、初対面でまだ関係ができる前だったら、その人は「恥をかかされた」と傷つくかも知れません。だから先に、

コンサルトーク

「大演説会はいらないので（笑）、全員が時間内でしゃべれるよう、1人1分程度で」

と前置きトークを入れます。

このように、その場がブサイクな感じにならず、エレガントに進むために、このような細かな工夫が無数にあります。みなさんも、ご自身のコンサルの場、セミナーの場、営業の場などで、どんな前置きトークをしておくと安心・安全・ポジティブな場を作ることができるのか、必要と思えることを書き出してみてはいかがでしょうか。

さて、安心・安全・ポジティブな場作りの秘訣の4つめは、**相手に先にしゃべらせる**ことです。

特にコンサルやミーティングの場面では、しゃべっている人が一番頭を使い、エネルギーを消費しています。つまり、しゃべっている人がもっとも鍛えられるんです。それなのに、クライアントは受身で聞いているだけで、コンサルタントばかりしゃべっているのって、どうなんでしょう。

社員の自発性を促す会社のミーティングで、社員は受身で聞いているだけで、社長ばかりしゃべっているのって、どうなんでしょう。

どちらも、クライアントなり社員が成長することを狙ってやっているのであれば、逆効果です。頭を使いエネルギーを消費するのは、コンサルタントや社長ではなくて、クライアントや社員であるべきでしょう。

コンサルタントは、そのきっかけをつくる人であるべきです。

そこで、**「相手にしゃべらせるには、こちらは何を投げかければいいか」を逆算して考える。**実際に、相手がしゃべるほど、その場が温まります。これが4つめです。

続いて5つめ。**表情やしゃべり方**に気をくばることです。

無表情や険しい表情でしゃべると、相手には伝わりにくいものです。だけど、顔に喜怒哀楽が出ると、聞いていても伝わりやすい。

比較してみるとわかりますが、抑揚がないしゃべり方よりは感情がこもったしゃべり方のほうが、そのニュアンスが伝わるし、聞き手の記憶に残ります。

これら5つのことを、はじめは意識してやり続ける。意識して行動を繰り返していくと、その行動がやがて無意識化されます。そうなると、もはや意識はしていないのに、自分がいる場が自動的に、安心・安全・ポジティブな場になります。

相手がなめらかにしゃべりやすくなる「誘い水トーク」とは

人は、急に大きな質問をされると答えにくいものです。

たとえば前にも出てきたように、「あなたの会社の理念は何ですか?」とか、「起業した理由は何ですか?」といった大きな質問をいきなり振られても、「年に1回も聞かれない質問を、急に聞かれたって答えられないよ」と戸惑うかもしれません。

一方で、聞かれた側からすると、答えられないと恥ずかしい気がします。

そのため、その質問者に対して反射的に、「はぁ? なんでそんなことを聞くの?」のように、攻撃的というか食ってかかる態度をとる人もいます。

そこまではなくても、妙な間が生まれてその場がギクシャクした感じになることもあるでしょう。

この時、相手が答えやすくなるコツがあります。それが、「誘い水トーク」です。

「誘い水トーク」とは、こちらの質問に相手が考えやすくなるヒントを与えるトーク

のこと。これを使うと、たとえば冒頭の対話は次のようになります。

コンサルトーク

「●●社長は、なぜ会社を作られたんですか？ 起業の理由を聞かせていただいていいですか？」

その後にすかさず、次の誘い水トークを差し挟みます。

コンサルトーク

「いくつか例を挙げますね。たとえば僕自身が会社を起こした理由って、もう本当に単純明快なんです。

〝カッコよさに対する憧れ〟なんです。僕はもともと大学が農学部出身だから、普通は経営コンサルタントなんてやらないはずなんです。なのに、なぜコンサルの道を選んだのかというと、カッコいい人に憧れたからなんです。

カッコいい人ってどんな人かというと、自分のやりたいことを自分で決めてやっていく人だって思ったんですよね。じゃあ、世の中でどういう人がそれに当てはまるかというと、社長だと思ったんです。

自分でリスクを背負って、こうなりたいって決めてやっていく姿を見て、ああいう人になりたいと。

そう思ったけれど、当時の農学部の僕には残念ながら経営のことがまったくわからない。大学を卒業していきなり独立して社長になれるとは思えなかったんです。

でも、カッコよさに憧れはあるから、じゃあ『そのカッコいい社長を手助けする仕事も、またカッコいい』と思ったんです。そのとき、経営コンサルタントの仕事を知り、その会社に入社しました。

そこで修業しながら、『20代で経営コンサルタントとして独立できたらカッコいいな』という思いが湧いて、27歳で独立して、今に至っているんです。つまり、僕が起業した理由って、〝カッコよさに対する憧れ〟なんです。」


長くなるので、ひと呼吸おきます。

コンサルトーク

「ここまでは僕の例です。もう1つ例をあげますね。たとえば、ほかにもこんな人がいますよ。

僕の友人でとてもハングリー精神の旺盛な人がいるんですけれど、彼は幼い時期に両親がいろいろあって極貧生活を送っていたんです。

食べ物や普段着にも不自由する生活を送っていて、周りにもバカにされたりして、すごい反骨精神があって、『大人になったら絶対、金持ちになって見返してやる』と情熱を燃やして、成り上がりたいといつも言っていたんですね。

で、実際にそのエネルギーが爆発して起業家になって、今では大金持ちなんです。彼の起業の動機は別に世の中をよくしたいとかではなくて、最初は〝金持ちになりたいというハングリー精神〟だったんですよ。それも起業の理由として、僕はありだと思います。

かたや全然違う人もいます。たとえば、アップル創業者のスティーブ・ジョブズ。彼は元々学生の時にガレージで仲間とコンピューターを作っていて、『誰でも簡単に使えるホームコンピューターを1家に1台行き渡る世界を作りたい』と、その好奇心に突き動かされて会社を作ったんですよね。

だから、彼の会社を作った理由というか動機はおそらく、〝強い好奇心〟じゃないかなと僕は思うんです。

今、3つの例をお話ししましたけど、会社を起こした動機って、カッコよさへの憧れでも、ハングリー精神でも、好奇心でも何でもいいんですよ。その動機が、ビジネスを成長させる推進力としてエネルギーを持つので、その動機を把握しておきたいと思うんです。

それで、ちょっとお聞きしたいんですけれど、○○さんが会社を作った動機、理由って何ですかね？」


これが、誘い水トークの一例です。

今、僕は3つの事例を挙げながら、実は3つのことを同時にやっています。

1つは、「〝考えるヒント〟を与えている」ということ。

本人が言葉にならないながらも、なんらかの思いがあるのはわかっているので、その思いを言葉にするためのヒントを与えているんです。

2つめには、「〝考える時間の猶予〟を与えている」んです。

会社を起こした動機は何ですか、とすぐにバトンを渡してしまったら、相手も考える時間がないですよね。でも、何ですか、と聞いたあとに3つの事例をしゃべっているうちに2～3分が経っています。その間に相手は考えることができますね。

僕が3つの事例をしゃべっている間に、相手は「私の場合は何だろうな？」って考え始めているはずです。

さらに3つめは、「正しい答えを言わなければいけないという〝思い込みの解除〟」

です。

つまり「会社を作った動機や理由は何ですか?」なんて聞かれたら、かっこよくてきれいな答えを言わなければいけないと思い込む人がいるんです。

「世の中をより良くしたくて会社を起こした」とか「世界から貧困をなくしたくて」みたいな、きれいなことを言わなければいけないと思う人がいます。

でも、こちらはそんなキレイごとを聞きたいんじゃないんです。

だから、本音を聞くために、「こんなレベルの答えでもいいんだ」という安心感を与える。

たとえば、さっきの例で1つめの「カッコよさへの憧れ」なんていうのは、大の大人からすれば、もう青臭い話です。そこで、「そんな青臭いことを堂々と言ってもいいんだ」という許可を与えています。

また2つめの、「ハングリー精神」。つまり、「世の中を変える」みたいなきれいなことじゃなくて、単に自分を満たすためにやる、でもいいんだと。そう先に言われたら、「ああ、それだったら……」と安心して本音を言いやすくなります。

「カッコいい答え、きれいな答えを言わなきゃいけない」という思い込みからの脱却のためにも、誘い水トークは有効なんです。

さて、この誘い水トークは、熟練するとその場で臨機応変に作れますが、最初のうちは用意しておくとスムーズです。そこで、その作り方のコツをご紹介しましょう。

相手の内なる声を引き出す「誘い水トーク」の作り方

この誘い水トークをあらかじめ用意するときに、僕は「型」を持っています。**3つの異なる切り口（事例）を用意する**のです。先ほどの誘い水トークで説明しましょう。

1つめは僕自身の事例です。

他人の事例ばかりではなく、自分の事例を入れておくことによって、相手に「なぜ、あなたにはそれを質問する資格があるのか？」という疑問を抱かせずに済みます。

僕自身は、こう考えています、という見本を示すことができます。

つまり、「質問をする人の正当性」を証明できます。

さらに、「なるほど、和仁さんはそういう思いで起業したんだ」と、僕のパーソナリティも同時に伝わるので、一粒で三度美味しい感じになります。

2つめは他人の事例で、その中でも「自分が直接知っている、身近な人」の例。このとき、クライアントはその人のことを知らなくてもかまいません。なので、多少突飛な事例や振り幅を広げるような事例を持ってきます。

3つめも他人の事例ですが、ここは「誰でも知っている有名人」を取り上げます。さっきはスティーブ・ジョブズの例を挙げましたね。

クライアントも知っている人なので、ここでまた「なるほど感」が高まります。

このように、**自分の事例、知人の事例、有名人の事例の3つ、それもタイプの異なる事例を織り交ぜておくと、イメージが立体化して思考の振り幅が広がる**んです。

本質的な質問や、大きな質問をする時には、このように誘い水トークをあらかじめ用意しておくと対話がスムーズに進みます。

Chapter 4

相手を安心させ、信頼を積み上げる「前置きトーク」

ペースを握る

他人の意見に聞く耳を持たない社長が、話を聞きたくなる人とは？

社長は一般論として、人からあれこれ言われたくないし、人の意見を聞きたくない人たちです。ただし、例外があります。

そんな社長にも、「この人からなら、話を聞きたい」という存在が、必ず1人はいるものです。ならば、その1人に自分がなればいいんです。

その秘訣は、「なぜ、自分にはそれを言う資格があるのか」を明らかにすること。

これを【正当性】と言います。

この正当性をわかりやすく表明するコツは、いきなり言いたいことを言わないことです。

冒頭に、「私は、この件について、◯◯の立場から言わせてもらいますよ」と、**まず自分の立ち位置を明らかにする**んです。

たとえば、人の採用や雇用の問題について、一度も人を雇ったことがない人間が

「ああしなさい、こうしなさい」と上から目線でアドバイスしたら、社長はどう感じるでしょうか？　おそらく、次のような違和感を覚えるのではないでしょうか。

「あなたは、たしかにたくさん知識を持っているかもしれないけど、社員を雇ってないじゃないか。そんな人にあれこれ言われたくない！」

人は他人からアドバイスをされる時、「何を言われるか」よりも「誰に言われるか」を重視します。ましてや、海千山千で自信のある社長であれば、なおさらです。

つまり、どういう立ち位置でそれを言っているのか、を相手は常に注目しているのです。

それを踏まえて、人事コンサルタントで次のように言う人がいました。

「今まで社員を雇わず1人でやってきたんですが、社員を雇わなければいけないと思い始めました。やっぱりクライアントに人の採用や人の教育を語る以上、自分が雇っていなかったら、説得力がない気がするんです」

この考え方は、正当性という観点ではたしかに一理あります。ただ、彼は1つ重要な視点を見落としているんです。それは、**「じゃあ、社員を雇ったら、社長は本当に**

聞く姿勢を持ってくれるのか？」ということ。

世の中には、社員を雇っている人事コンサルタントは何人もいます。

「そんな競合の中で、あなたじゃなければいけない理由は何ですか？」

この視点を忘れてしまっているんです。

たとえば、税理士や社労士などの資格を取る前は、「この資格を取れれば晴れて独立だ」と淡い期待を持ちますが、いざ資格を取ったら、その道の優秀な先輩たちと比べられます。その中でまた競争があるんです。

それと同じで、ちゃんと「選ばれる理由」があればいいのですが、それがないままに、本当は社員を雇いたいわけでもないのに、「正当性を手に入れるためだけに雇用」したら、どうなると思いますか？

「社員の教育や管理業務ばかりが増え、一番やりたかったはずのクライアントのコンサルがほとんどできなくなり、自分の手取り給料は減り、かえって貧乏ヒマなし状態になって、もう踏んだり蹴ったりです」

と、愚痴をこぼす人を僕は何人も見たことがあります。なぜ、そんなことになってしまったのでしょうか？

それは、**「何で正当性を出すかを、正しく理解していなかったから」**です。

もし、この人事コンサルタントが、次のように立ち位置を変えたらどうなるでしょうか。

コンサルトーク

「私は1人でコンサルティング活動をしていて、社員を雇ってはいません。なので、人を雇うことの大変さを、社長ほど実感できていない面は正直あると思います。

ですが、私は自分が社員を雇用する労力をかけない代わりに、今まで数百件のクライアント先企業の採用と雇用に関わってきました。時には採用面接に立ち会い、採用から雇用に至るシステムを社長と一緒に考えてきました。

その中で、『どのタイミングで、どんなお困りごとが表面化するのか』を全部見てきました。そして、『採用時にどのような予防策を打っておけば人の問題を未然に防げるか』もわかってきました。

それらを〝社外の人事部長〟の立ち位置からお客さんに対して還元しようと思って仕事をしています。その立ち位置からお伝えしたいことがあるのですが、よろしいですか？」


と、こう言われたら、どうでしょう。

「ちょっと話を聞いてみてもいいかな」という気になるのではないでしょうか。

これは、その人の能力が急に高まったからでも、実績が増えたからでもありません。**自分の立場を明らかにしたことで、相手が話を聞くに値する【正当性】が伝わったから**です。

「なぜ、私が言うことをあなたが聞く必要があるのか？」を明確に言っているから、相手は「なるほど、そういう観点からだったら、話を聞いてみたい」と思うのです。

大切なのは、「何で正当性を出すか」です。

こちらの意図を伝えて、相手の考える姿勢を整える「前置きトーク」

Ｃｈａｐｔｅｒ３で、「社長が会社をつくった理由は何ですか？」のような大きな質問をするときに、「誘い水トーク」を用意する話をしましたね。自分、知人、有名人とそれぞれの角度の異なる３つの事例を織り交ぜておくと、思考の振り幅が広がる、という意図からでした。

このときに、最初の質問にあわせて次のような前置きトークを添えると、さらに対話はスムーズになります。

コンサルトーク

「今後の御社の事業戦略を構築するにあたり、少し〝あり方〟的な話をお聞きしたいと思います。

と言うのも、『何が●●さんの動機付けになっているか？』を明らかにすることで、●●さんが自然とやりたくてたまらなくなる戦略を組み立てやすくなると思うからなんです。

つまり、その動機が今後の戦略の方向性を決めるからお尋ねするんですが、そもそも●●さんがこの会社を作った動機ってどんなことですか？」

このように言われると、質問の意図がわかり、単に好奇心で聞いているわけじゃないことが伝わるので、相手も答えやすくなります。

前置きトークなしで「なぜ会社をつくったんですか？」と聞かれるのと比べて、印象は段違いですよね。

結論としては、なぜそれを聞いたのかを先に言ってあげると、相手もその意図にあわせてちゃんと考えてくれるということです。これは、とても重要なところです。

相手に心の準備をさせて信頼を積み上げる3つの「前置きトーク」とは

この前置きトークには、主に3つの使用目的があります。

それぞれを意図して使うことで、その効果を最大化できるので、簡潔に解説しておきましょう。

①「事前期待をマネジメント」する前置きトーク

これは、こちらが提供できる価値が間違って伝わらないよう、正しく伝えるために使います。たとえば、Chapter2の冒頭でお伝えした「受注直後に襲われる不安」を解消するために、シートを使って、「こちらがやること、やらないこと」を明確にしておくのは、その一例です。

②「心構え」をつくる前置きトーク

相手を後でネガティブな意味でビックリさせたり、ガッカリさせないために、あら

前置きトーク

前置きトーク

①事前期待をマネジメントする

②心構えをつくる

③効果を最大化する

かじめ伝えておいたほうがいいことがあります。その具体例については、このChapterで詳しくお伝えします。

③「効果を最大化」する前置きトーク

自分が売りたいサービスの価値を、十分に伝えたいときに使います。

これについては、わかりやすい事例があります。

「ランニングのパーソナルコーチ・セッションの費用はいくらか？」というテーマで考えてみましょう。

まず、セッションの〝内容〟を簡潔に述べると、次のようになります。

コンサルトーク

「『1回2時間のマンツーマンのセッションを月4回、それを4カ月行う』というものです。」

さて、この情報だけを伝えたら、あなたはこのセッションにかかる費用をいくらだと連想するでしょうか？　とりあえず今、思いついた金額を紙に書き留めておいてください。

次に、情報を付加します。そのサービスで得られる〝成果〟についてです。

コンサルトーク

「それは、『4カ月のセッションで、素人ランナーがフルマラソン完走、しかもサブ4（4時間切り）が可能になるレベルに引き上げる』というものです。
ふつうは4カ月ではそのレベルには到達しません。なぜなら、途中で膝や腰を怪我して、そのまま脱落する人が大半だからです。
ところが、このセッションでは、科学的なトレーニングが用意されている上に、グループレッスンではケアしきれないところまで個別対応してくれます。そのため、怪我を未然に防ぎながら、スキルアップができるのです。」

では、あらためて今、思いついた金額を紙に書き留めておいてください。さっきと同じであればそのままでいいし、もし金額を変更したければ横に書き加えましょう。

そしてさらに、情報を付加します。〝誰が〟そのセッションをするか、についてです。

コンサルトーク

「パーソナルコーチを務める人は、前回のオリンピックに出場したマラソン選手をサポートしたんです。選考会の直前1年間、寝食を共にしてトレーニングパートナーを担当した人です。つまり、そのトレーニングノウハウは、オリンピックレベルと言えます。

しかも、本人は過去2回ホノルルマラソンで日本人ナンバー1（総合で7位）を獲得するほどの実力者。つまり、教え方を知っているだけでなく、本人が現役ランナーとしてチャレンジし続けている人です。」

さて、ではもう一度お尋ねします。4カ月のパーソナルコーチ・セッションはいくらでしょう？　答えを書けましたか。

1回目の金額と2回目、3回目の金額は同じだったでしょうか。それとも変化があったでしょうか？

この事例を通じて、僕がどんなことを伝えたかったのか、解説しましょう。

ここでは3回に分けて、情報を増やしていきました。

1つめは、〝内容〟を簡潔に伝えました。

2つめは、得られる〝成果〟を伝えました。

そして、3つめは、そのサービスを提供するのは〝誰か〟を伝えました。

もし、僕がこのセッションを売る営業マンだったとして、1つめの前置きトークだけをして、その価格を伝えたら、割高に感じたかも知れません。

ところが、2つめ、3つめの前置きトークをした上で価格を伝えたとしたら、おそらく「意外と安い」と感じる人も出てきます。

実はこの事例は、僕が実際に契約したランニングのパーソナルコーチ・セッション

Q　4カ月で計16回のマンツーマンのパーソナルコーチのセッション、いくら？

について、小分けにして紹介したものです。

セミナーでネタとして使っているのですが、参加者に情報を付加するたびに実際に金額を書いてもらうと興味深い結果になります。

ほとんどの場合、最初は「5万〜10万円」、2つめの情報の後は、「10万〜20万円」、3つめの情報の後は、「40万〜80万円」というように、段階的に予想価格が上がっていくのです。

ちなみに、実際の金額はいくらだったか、を発表します。

答えは、40万円です。

つまり、ほとんどのセミナー参加者が、このパーソナルコーチを実際の金額より高いと予想することになります。ということは、僕が売れば、この商品はバンバン売れるってことでしょう（笑）。

別の言い方をすると、読者のみなさんがこの商品を売る営業マンで、価値を最大化したいのだったら、この3つの情報を伝えきる前に価格を言ってはいけないということです。

社長にとって耳の痛い指摘をする時の「前置きトーク」の組み立て方

話が前後しますがお許しください。182ページで「心構え」をつくる前置きトークについて触れましたが、その具体例をこれから紹介します。それは、「社長にとって耳の痛い指摘をするときの前置きトーク」です。

コンサルの現場では、クライアント先の社員と面談をして、「仕事のやり甲斐はどうか？」「会社や仕事内容について、何かリクエストはありますか？」と尋ねることがあります。

その際に、上司・部下間のコミュニケーションにズレがある会社では、ときに「社長の言動に対する不満」がやり玉に挙がりがちです。なかには、第三者の僕が聞いても社員の言うことがもっともで、社長に態度を改めてもらいたい、と感じるケースもあったりします。

たとえば、僕が過去に社員面談をした際に、こんな意見が社員からありました。

「『コスト削減！　会社にはお金がない！』と口癖のように言うわりに、社長は高級車を乗り回し、平日でもゴルフや飲み会でほとんど社内にいない。あれでは説得力がありません」

さらには、

「『新規事業の提案を持ってこい』と言うくせに、実際に提案すると『こんなアイデアではうまくいくわけがない』とダメ出しばかりで、どうしたらいいかという指導がまったくない。あれじゃ、誰も提案なんてするわけがありません」

という意見を聞いたこともあります。

さて、これらの意見を聞いたコンサルタントが、社員のモチベーションのためにも社長に改善を求めようと考えたとします。社員から聞いたこれらの話をそのまま伝えたら、果たして社長は素直に受け入れて、行動を改めてくれるでしょうか。

その前に、そもそも、社長本人を前にして、コンサルタントは伝え切ることができるでしょうか。

1つ言い方を間違えれば、

「社員の言い分を一方的に聞いただけで決めつけるなんて、いったいあなたは（会社の味方なのか、社員の味方なのか）どういうスタンスなんだ。こちらにもちゃんと言い分はあるのに！」

と反感を持たれてしまうかも知れません。それは、信頼感の喪失につながり、最悪の場合、契約解除もあり得ます。

でも、何も言わずに過ごすわけにもいきません。そんなときに効果を発揮する前置きトークを、僕が実際に使った例をもとに紹介します。（そのトークの狙いについて

も、①〜⑤の番号をつけて書き添えておきます）

コンサルトーク

「社長、さっきまで社員面談をしていて1つ気になる意見がありました。（①予告1）

これは、もしかすると社長にとっては耳の痛い話かも知れません。（②予告2）

ただ、それをお伝えする前に、いくつか社長にお尋ねして、確認したいことがあります。なぜなら、社員の意見だけを鵜呑みにするわけにはいかないからです。（③コンサルタントのスタンス）

物事は、両面から見ないと真実は見えませんからね。（④コンサルタントの考え方）

そして、私なりに状況を把握した上で、今回の社員面談を踏まえてのご提案をお伝えしたいと思うのですが、よろしいでしょうか？（⑤コンサルタントからの提案）」

このように、了解をもらった上で、社員から聞いたことが事実なのかどうか、またそれは社長なりに何かしらの意図があってのことではないか、社長に確認しました。

その後にしかるべき提案をしたところ、社長はちゃんと聞く耳を持ってくれました。

それは、このやり方なら社長は「コンサルタントが会社のためを思ってくれていること」、そして「社員の味方をして社長を責めているのではなく、ニュートラルな立場から、会社の発展のために言いづらいことをきちんと伝えてくれていること」を感じ取ってくれたからではないかと思います。

もっとも、このような「耳の痛いことを指摘する」という行為は、Ｃｈａｐｔｅｒ２でもお伝えした通り、コンサル契約を締結する最初の段階でその許可を得ておけば、なおのことスムーズに進められるのは言うまでもありません。

前置きトークは、タイミングごとにさまざまな工夫ができ、その効果も絶大なので、ぜひトライしてください。

「聞くより しゃべりたい衝動」との付き合い方

対話で解決

Chapter 5

「沈黙が嫌で言葉を付け足し、考える時間を与えない」落とし穴の解決策

こちらが質問したら、卓球の試合のようにポンポンと答えが返ってくる人がクライアントだと、コンサルタントも気持ちよく対話を楽しめます。

ところが、そんな人ばかりではなく、実際には、質問を投げてもじっと黙ったまま、言葉を返してこない人がいます。

そのとき、せっかちなコンサルタントは言葉を付け足したくなります。

(あっ、たぶんこちらの質問の意図が伝わっていないんだろうな)と思うからです。

ところが、意図が相手に伝わっていないわけでもなく、また、何も考えていないわけでもなく、ちゃんと考えていたりします。ただ、その**クライアントはコンサルタントが思う以上にゆっくりしたペースで考える人**だというだけのことです。

そこに次から次へと言葉を足されると、情報量が増えすぎて、相手は混乱します。

コンサル現場ではありませんが、社長や管理職が部下と面談する場面で、そういうシーンをよく見かけます。待っていられないのでしょうね。同じことが社長ではなく、コンサルタントにもその傾向がある人は少なくありません。

この落とし穴にはまらないために大切なことは、「沈黙を恐れない」ということです。

「それでも、本当に質問の意図がわからないのかも知れないし、やっぱりシーンとした沈黙ができるのは落ち着かない」

という人は、たとえば、こんな一言を前置きしておいたら、いかがでしょう。

コンサルトーク

「今の質問の意図はわかりますか?」

もし、「YES」という反応があれば、しばらく静かに考える時間を提供しましょう。とは言え、2人で話していて、ひとりが静かに考えているっていうのも、手持ち無沙汰(ぶさた)だし、相手に気を遣わせてしまうこともありますね。

そんなときは、次のように伝えて、席を立つといいでしょう。

コンサルトーク

「今の質問はとても重要なので、じっくり考えていただけますか。ちょっとトイレに行ってきますので、5分ぐらい考えていてください」

あるいは次のように伝えて、深く考えることを促すのもいいでしょう。

コンサルトーク

「私は今までのところをちょっと議事録にまとめておきますから、5分ほど、ゆっくり考えてもらっていいですか。よろしければ、考えをこの紙に箇条書きにしてみてください」

そうすると沈黙が嫌な感じになりません。**自然発生的な沈黙ではなく、お互い同意の上での沈黙だから**です。この一言があるかないかで、その場の空気が変わります。

緊張しないで話すための「視線の分散」面談法

僕は営業やコンサルの場面で、よくツールを使います。ツールとは、1枚もののシートや書類です。その効用については116ページ以降でも紹介しましたし、一部重複しますが、改めて確認していきましょう。

たとえば、ミーティングをする時は議事録のたたき台をあらかじめ配布しておいたり、クライアント企業の社員と面談するときは、面談シートを使ったりです。

これはとても大切なことなんですが、シートがあって話をすると、僕は目線がシートに行ったり相手に行ったり分散できます。シートがないと、相手しか見ません。それは相手も同様です。

これは、お互いに緊張感が生まれやすい状況です。

でもシートがあると、目線をそちらにそらすことができます。それは自然な動きですよね。もしシートがなくて下を見たら、ただ落ち込んでいる人、みたいになります。

だから、まず発想として、**目線をそらす必然性をつくってくれるツールを使うというのは、とても大事なことなんです。**

これが「視線の分散」です。そして、ツールを使うと情報を共有でき、同じ認識で対話がしやすくなります。

それから、そこに必要なことが書き込まれていれば、頭を空っぽにできる環境を作っていることにもなります。たとえば僕は電話コンサルであれ、対面のコンサルであれ、聞きながら紙やホワイトボードにメモを書き出していきます。そうすると、僕は聞いたことをいちいち暗記しなくても済むからです。

紙を見ればそこに書いてあるから、「現状こうですね、で、理想はこうなんですね。ギャップはここにありますね」と書かれたメモを指差しながら対話ができます。仮に本筋から脱線しても、戻る道しるべにもなりますね。安心して、対話の中身を忘れることができる。

この**「忘れていい」という安心感が、話を聞きながらも同時並行的に「次にどんな切り口で質問をしようか？」を考えるゆとり**をもたらしてくれます。

だから、僕はビジョナリーコーチング（54ページ以降参照）をやる時には紙に書きながらやります。

しかも、「こっそり書かない」ことが重要です。よく自分にだけ見えるようにこっそりメモする人がいますが、あれは相手にとっては気になります。「何を書かれているんだろう?」と。

すると、「へたなことを言うと記録が残るから、本音が言いにくいな」みたいな空気になったりします。

ところが、堂々と書いてくれていれば、相手もそのメモを指差しながら「この人とこの人が、実は関係が複雑で……」と、そのメモを使って対話が進みます。

場合によっては、相手もペンを取ってその紙に書き加えてくるかもしれません。

そうなると、まさに対話の共同作業で思考が進んでいる証拠です。そういうわけで、シートや書類はできるだけ使うことをお勧めします。これは個別面談でもミーティングでも、とても有効な方法です。

自信を持って人前に立つために必要な条件とは

セミナーや個別相談、コンサルをスムーズに進めるために何が必要か。

これは、一言でいうと余裕です。余裕。

余裕があるから相手を観察できるし、その場その場に応じてちょっと予定を変えたりとかできるわけでしょう。余裕があるから突然の質問にもパンと答えられて、気づきを与えられるのです。

余裕がなくて一杯いっぱいだったら、質問をされても「ちょっと待ってください」と脳がフリーズして、その場にも緊張感が漂います。

では、どうしたら余裕が生まれるのでしょうか？

余裕が生まれるのは、資格があるからではなく、また、大胆な性格だから、でもありません。

余裕とは、**「誰よりもそのことについて自分が1番考え抜いてきたという裏付け」**によって生まれるんです。

たとえば、セミナーで新しいネタをしゃべるとしましょう。その話をなぜ堂々と話せるかというと、そのテーマについてはここの会場にいる誰よりも僕が1番考え抜いてきたという自信があるからです。

もし僕よりもそのトピックについて詳しい人がそこにいたら、めちゃめちゃ緊張すると思います。けれど、幸い自分より知っている人はいないという事実に気がつけば、安心してしゃべれます。

だから、本書でずっとお伝えしてきたことに通じるのですが、ビジョナリープランを作る提案をクライアントにするにしても、**いきなりお客さんにそれを提案する前に、まず自分が自身のビジョナリープランを作って模範を見せる**ことが重要です。

自分が一足先に考え抜いているから、「作ってみたらいいですよ。すごい価値がありますから」と言える。

コンサルトーク

「これを作っておくと、社員の採用でも自社にふさわしい人を選べるし、必要なお客さんも引き寄せられるし、社長の価値観が言語化されているので、社員は自分で考えて動けるようになり、社長の負担は格段に減ります。すごく意味がありますよ」

と自分の実体験に基づいて語ることができます。

ちなみに、僕がセミナーで新ネタをしゃべる際に、どんな事前準備をしているか、こっそりお伝えしましょう。

要領のいい人の中には、「レジュメをさくっとつくり、要点のメモを書きなぐって、あとはぶっつけ本番でその場の流れでしゃべることができてしまう」という人もいるようです。

一方、僕はそれでは万全のパフォーマンスを出す自信がないので、次のようなことをします。

▼和仁のセミナー準備7つのステップ

①まず一通りテキスト原稿を作る。それもセミナー開催を決めたら、すぐに短時間であってもセミナーネタのメモを書き出す。つまり、着手のタイミングをなるべく早くし、構想期間を最大化する。

②テキストが8割方仕上がったら、全体を通して1人でリハーサルして録音する。

③その音声を聞き直して、内容と配布資料に改善を加える。(この自分の声を聞く作業が最初のうちはかなりツライ。あまりにショボイので……)

④右記の②と③を2回繰り返した上で、パートナーに内容をチェックしてもらい、「このコンテンツをより印象的に伝えるための見せ方の工夫や、ふさわしい事例は何か?」などについてブレーンストーミングして、ブラッシュアップする。

⑤配布資料を作り直して、最終リハーサルをし、録音する。

⑥セミナー当日まで、移動中に音声を繰り返し聞き、言葉がスラスラ口から出て来るまで、流れを頭に叩き込む。

⑦セミナー本番も録音して、帰りの新幹線内で聞き流し、「よりわかりやすい事例や伝え方はないか?」「伝える順番を入れ替える必要はないか?」など、さらなる改善点をチェックする。

基本的にこの準備を、独立してから今まで17年間続けています。ここまでやると、本番は余裕をもって臨めるし、自分がイメージするパフォーマンスを発揮できます。「ここまで自分はやってきた」「誰よりも考え抜いてきた」からこその余裕です。

大切なことは、この余裕を持てるぐらいの準備をする、ということです。

「パートナー型」コンサルタントを名乗る人の落とし穴

この準備の大切さに関連して、もう1つ大切なことをお伝えしたいと思います。

上から目線で教える「先生型」コンサルタントに対して、横に並んで盲点に気づかせる「パートナー型」コンサルタントは、今の時代の、しかも社長を顧客とするコンサルティングにピッタリだと僕は感じています。

ところが、これを表面的に理解して、「パートナー型」を名乗るコンサルタントもいるようです。具体的には、

「自分には人に教えるような専門分野がなく、営業マンとしてわりと聞き上手だから、上から教えるのではなく、横に並ぶ『パートナー型』なんです」

「自分に自信がないので、真正面からいくと当たり負けしそうだから、上から教えるのではなく、横に並ぶ『パートナー型』なんです」

と、無意識のうちに「パートナー型」を体(てい)のいい言い訳にしているコンサルタントがいるらしいのです。しかし、これはまったくの考え違いだと、僕は言いたい。**「パートナー型」コンサルタントは、相手から求められればちゃんと教えて納得させられるだけの、ある専門分野における一定の知識と見識があることが大前提**です。

その上で、「こんなことができますよ」とこれ見よがしに専門知識を振りかざすの

ではなく、**相手のお困りごとを的確につかんだ上で、その解決策を必要十分な形に最適化して提供してあげるのが「パートナー型」コンサルタントの真骨頂**なんです。

クライアントは、自分に必要なことは知りたいけど、自分のお困りごとと関係のないことまで専門知識を押し付けられたくはないものです。

つまり、やろうと思えば「先生型」コンサルをやれる人が、あえて「パートナー型」コンサルをやるところに、その奥深さがあるのです。

そこを考え違いしないようにしたいものです。

自分ばかりがしゃべってしまう「コンサルタント病」との戦い

……ちょっと、熱くなってしまいました（苦笑）。

さて、このChapterのはじめに、沈黙が怖くて自分ばかりしゃべってしまうケースをお伝えしました。次に、「自分には答えが見えているからこそしゃべりたい！」という欲求をこらえきれないケースについて、考えてみたいと思います。

「No．1コンサルタントスター養成塾」でコンサルタントに「聞き方」を教えていると、よく次のような相談を受けます。

「いや、話を聞こうと思ったんですけど、ついつい自分がしゃべってしまいます。答えに気づくと、それを言わずにいられなくなっちゃうんですけど、どうしたらいいでしょうか？」

このように、クライアントとしゃべっていた時に先に答えが見えてしまうとつい言いたくなる、という症状を「コンサルタント病」と僕は呼んでいます。

多くの場合、答えをその場で言ったとしてもクライアントは動いてくれません。したがって、成果につながらずしゃべったこちらの自己満足で終わってしまうという恐れがあります。

そこで、ここから先はコンサルタント病に陥らず、「クライアントに自ら動いてもらえるように、どうやってこちらが関わるか」ということについてお話しします。とりわけ、「こちらがしゃべるのでなく相手に聞いてもらうコツ」、あるいは「相手が聞く姿勢をつくるコツ」について説明していきます。

せっかく用意した提案にまったく興味を持たれない理由

コンサルタントが営業かあるいはコンサルの場面でクライアントに何かを提案する時、よくあることとして「こちらの落としどころに誘導したくなる」という欲求との戦いがあります。

多くの場合、特に営業においては、こちらの一番の強みに誘導したいという思いから相手を誘導してしまいがちです。

たとえば、あるマーケティングコンサルタントは次のようなことがあったそうです。営業でお客さんの売上アップのためにどんなマーケティング策がいいか、ということについて相談にのっていました。話を途中まで聞いたところ、次の提案をしたんだそうです。

「社長、御社の場合、数ある策の中でもインターネットを使ったマーケティングがベストだと思います。郵送やFAX DMよりも次の観点でメリットが大きいので、よろしければこのインターネットを使ったマーケティングについてご提案させていただきたいと思いますけれど、いかがでしょうか？」

この時、相手の社長は、「はい、わかりました」と言いながらも、心のどこかに微かなしこり、違和感を覚えた、と後日語ったのだとか。いったいなぜでしょうか？

それはこのコンサルタントが自分の強みであるインターネットの分野に誘導しているということを感じとったからです。すなわち、相手にコントロールされていることに対する違和感なのです。

では、もしこのコンサルタントが次のような話し方をしていたとしたらどうでしょうか。

コンサルトーク

「社長、御社の売上アップのためにはいくつかの方法があります。たとえば、FAXDMを使った方法があります。郵送や電話営業という手もあります。そしてインターネットを使うやり方もあります。

それぞれにおいて一長一短があって、必ずしもどれがベストかはその時の状況によって異なるんですね。

よろしければ、一度それぞれのメリットとデメリットをすべて整理してご説明した上で、御社にとってどれがベストかということを一緒に考えていきたいと思いますけれど、いかがでしょうか？」

この場合、「（自分が一番売り込みたいインターネットを使ったコンサルではなくて）世の中にあるすべての選択肢について検証した上で、もしインターネットが一番いい手段であるならばそれを使ってはどうでしょうか。

そして、もしお望みならその中で一番強みを持っている当社がやりましょうか」という二段論法になっているので、クライアントとしてはコントロールされている感じがせず、素直に「お願いします」と言いやすくなります。

そして実際に、メリットとデメリットを比較したら、たしかにインターネットを使ったマーケティングがベストであるとなった場合には、結果的に相談にのってくれたそのコンサルタントに依頼をする可能性が高くなります。

もしもそれ以外の手段、たとえばＦＡＸ　ＤＭのほうがどうも今回はベストであるという判断になった場合には、

コンサルトーク

「FAX DMの業者の知り合いがいればそちらにお願いされてもいいし、もしアテがなければ、私から信頼のおけるFAX DMの専門家をご紹介することもできますが、どうされますか？」

というように、自社ではないけれども自分が信頼する専門家を紹介することもできます。

つまり、自社でできることは自社で行う。そして自社でできないことは信頼できるパートナーを外部に抱えておくことによって、どんな相談がきてもニュートラルに対応できる。

こうした体制を整えておけば、クライアントからは、「このコンサルタントはクライアントの立場で考えてくれる信頼できる人だ」という印象を与えることができますよね。

そして、結果的にたとえ今回は売上につながらなかったとしても、次の機会に仕事を発注してくれたり、あるいは知り合いを紹介してもらったり、ということがあり得ます。

しかも、紹介した先のFAX DMの専門家は恩義に感じてくれて、まったく同じ理屈で今度はこちらを紹介してくれることだってあるでしょう。

目先の仕事を追うと顧客は離れていきます。

しかし、相手の立場に立って何がベストかを考え、誠意をもって提案してくれるコンサルタントに対しては、その場で仕事になることもあるし、仮にならなくても将来的に仕事につながる、つまり将来の種蒔きにもなっているということを忘れないようにしたいものです。

丁寧に説明しても伝わらないのはなぜ

営業トークだけ聞いていると、とても丁寧で相手に不快な思いをさせないように感じる人も、そのやりとりを注意深く聞いてみると、クライアントが違和感を覚えていることがあります。

その典型的なケースが、相手が聞く姿勢になっていないのに、一方的に自社の商品・サービスを提案している場合。
どれだけ丁寧に話していても、相手の頭の中にそのメッセージは届いていません。
こうしたケースは対面での営業ではもちろん、Ｗｅｂやメールを使った営業でもよく見かけます。

そもそも人は、他人から売り込まれたくないと思っています。

「売り込まれたくない」の前に、「人にコントロールされたくない」のです。ましてや、お金を払ってまで何かを買おうとするのならば、相手をよく見極めようとするのは当然でしょう。

つまり、我々が営業で相手に何かを提案したいと思うならば、まず**「相手に聞く姿勢を作ってもらう」という発想**を持つことが大切です。

そのためにやるべきことは、たとえばクライアントのお困りごとについて本人以上に明快に言葉にすること。そして、相手が「そうそうそう！　まさにそれが私のお困りごとなんです」と思わず言ってしまうように、先取りして伝えることです。

その上で、さらにそれを描写する他社事例をストーリーで語ることで、より臨場感を持ってイメージさせてあげること。それが、聞く姿勢を作ることにつながるでしょう。

つまり、クライアントから見てコンサルタントが「どれだけ私のことをわかってくれているのか」ということが、聞く姿勢をとるか否かの決め手になるのです。

顧客の話を自然と興味深く聞ける秘訣は「〇〇するつもりで聞く」こと

営業時であれ、コンサル時であれ、相手の話を聞くときに、クライアントが前のめりでしゃべってくれるためには、聞き方のコツがあります。

それは、テクニックで聞くんじゃなくて、**好奇心から聞く**ことです。

人は、テクニックで聞かれている、と悟った時、シラケて話す意欲を失います。

テクニックで聞くとは、たとえば、コンサルタントが習ったばかりのコーチングのスキルを使って、使い慣れないフレーズを試してくる、といったことです。

クライアントからは、自分が実験台にされているかのように受けとられるかもしれません。

自分を実験台にされたい人なんて、いませんよね。

では、コンサルタントが自然と好奇心を持つにはどうしたらいいかというと、僕のコツは**目の前のクライアントに起こっている出来事をドラマと思って聞く**ということです。それも単発ではなく、連続ドラマです。

だから前月までの話は終わっていて、「あれから1カ月の間に何があったのか?」を今日お会いして聞く。そしてこれから次回までの1カ月で何をするか、について質問を投げかけながら一緒に考えてシナリオをつくっていく。

ただし、現実はシナリオ通りにいくこともあれば、いかないこともある。その結果は、翌月にならなければわからないので、「次回に続く」となる。

それで、「続く」のあとが知りたいから、翌月またお会いして、そのドラマの続きを見る。本当のテレビドラマと違ってコンサルの場合、コンサルタントである僕もそのドラマに脚本家として参加することができる。

つまりは、**顧客の人生シナリオに関わっている。そんな感じで話を聞いています。**

このように、テレビの連ドラをイメージしていると、結果的に自然と好奇心を持って聞くことができます。

好奇心って、無理に持とうと思って持てるものじゃないですよね。「好奇心を持って聞くぞ」って力めば力むほど痛々しいです。

そうじゃなくて、ドラマを頭の中に思い描きながら聞く。その意識が、自然と好奇心が芽生えるコツなんだと思います。

成果を出すために、あえてアドバイスをしない本当の理由

コンサルの現場で、しゃべる量と聞く量の割合って、みなさんはどれくらいがいいと思いますか？

僕の場合、コンサルの場合と、セミナーや講座とでは、その配分はまるっきり違います。

当然のことですが、セミナーや講座では僕がしゃべらないと進まないので8～9割しゃべるんですけれど、コンサルの現場では2対8ぐらい。2割しゃべって、あとの8割は聞いているんです。

しかも、「ああしてください、こうしてください」というような指示や依頼もほとんど言いません。もちろんアイデアや選択肢、着眼点はバンバン提示するんですけれど、行動を要求するようなことは基本的にほぼ言わないんです。

コンサルトーク

「やりたくないならやらなきゃいいけど、やりたいなら、やったら?」

という、ニュートラルな感じです。

僕がめったに行動を要求したりアドバイスをしないのは、やはり理由があるんです。

ちなみに、このトピックを本書で紹介する理由の1つは、なぜだと思いますか?

「コンサルタントはアドバイスしなければいけない」

という思い込みを持っている人がとても多いからです。

アドバイスをするためには知識が必要だから、インプットを大量にする、というパターンになりがちなんですが、必ずしもそれは顧客のニーズと一致していない場合があります。

何度もお伝えするように、**社長というのは上から目線で教えられたくない人たち**です。上から言われたくない人たちに知識を振りかざして、「ああしてください」「こうなんですよ」なんて言ったって、快を与えるどころか不快を与えてしまいます。

「じゃあ、どうしたら快を与える関係でい続けられるか」を考えたときに重要な視点は、「なぜ、めったにアドバイスをしないで、なおかつちゃんと契約が続くのか」ということです。どんな理由が考えられますか？

「人って、自分で気がつかないと納得しないし、納得しないと行動しないから」
「コンサルタントがしゃべり過ぎると、クライアントが考えるスペースを埋めてしまうから」
「クライアント側が逃げる場がなくなり、やるしかなくなるから。北風と太陽みたいな感じで」

それらもたしかにその通りです。ただ、僕がめったにアドバイスしない本当の理由はもう少し別のところにあります。

まず大前提として、クライアントから相談があります。「こういうことで今困っているのですが、どうしたらいいでしょうか?」と。そこで僕が「こうしたらいいですよ」とは言わないんです。

でももちろん、ただ無視してほったらかしにしているわけじゃありません。受け答えするんですけれど、その時はアドバイスをしないんです。

なぜかというと、**クライアント本人すら何が本当の問題なのか、実はわかっていないから**です。

クライアント本人すら、何が本当の問題なのか、もしくは何が悩みなのかがわかっていないので、その間違った相談に答えても間違った答えしか出てこないんです。

プロローグで紹介したビジョナリーコーチングの4つのステップ、はじめの一歩が「タイトルを決める」なんですが、クライアントがそこで最初に付けたタイトルはだいたい本当のタイトルではありません。

たとえば、「新規事業立ち上げについて相談に乗ってほしいんです」と言われた時に、その前提でアドバイスをしようとする人がいますが、実際は、「なぜ立ち上げたいんですか」「いつまでにやりたいですか」「その新規事業の立ち上げは、社長にとってどういう意味や位置付けですか」などと聞いていったとしましょう。

そうしたら、実はそれは新規事業立ち上げの相談というよりは、「それを任せようと思っているナンバー2との関係がうまくいっていなくて、任せたいけれど任せられない」のが本当の悩みだとわかったとしましょう。

実のところナンバー2との関係性をどうしたら改善できるだろうか、というのが本当の問題だったりします。こういうケースはけっこう多いんです。

そこを突き止めないで、いくら新規事業の立ち上げについてのアドバイスやコンサルティングをしても意味がないですよね。結局は、部下に任せられないんですから。


だから最初に、「本当の問題のタイトルは何か」つまり、「お困りごとの本質は何か」を突き止めるのが先だということです。

先ほども「コンサルタント病」という言葉を使いましたが、僕らみたいな職業の人は多かれ少なかれ「人にアドバイスがしたい」んです。こっちが知っていて、相手が知らないことをアドバイスしてあげたいんですよ。

「どうだ、すげえだろう」と相手に驚かれたり、感動されたい気持ちを僕らはどこかに抱えているんです。ただ、それは相手が求めていることとズレていたら意味がありません。

だから絶対にマトを外さないために、**これが本当のマトのど真ん中なのか、それとそれは偽物で実は本当のマトは、どこかほかのところに隠れているのか、それを突き止めてから射抜きましょう**ということが言いたいんですね。

マトが絞り込まれた段階であれば、もちろんアドバイスしてもいいと思います。

アドバイスをせずに顧客に自ら気づかせる「テープの逆回し作戦」とは

クライアントのお困りごとについて、クライアント自身よりも先に突き止めたと思った時に、コンサルタントはつい答えを言いたくなることがあります。

ところが、それを言ったところで、クライアントは行動に移さないし、結果につながらない。だから「本当はもっと待ってあげたほうがいいと思うんだけど、なかなか待てないんだ」という悩みを抱えるコンサルタントは少なくありません。

これが先ほど紹介した「コンサルタント病」です。

こういう時に有効なのが「テープの逆回し作戦」です。**「テープの逆回し作戦」とは、「自分がいち早く見つけた答えから逆算して質問を投げかける」**というもの。

たとえば、「新規事業を考えたい」というクライアントからの相談について、コンサルタントはいち早くその問題点に気づいたとします。それが、「この新規事業は初期投資の回収に時間がかかり過ぎてリスクが大き過ぎる」ことだとしましょう。

その時にそれをそのままクライアントに言うと、相手は機嫌を損ねるかもしれません。「今まで長い時間かけて考えてきたのに、話をちょっと聞いただけで『それはだめだ』なんてなぜ決めつけるんだ」というふうに怒りが湧いてくる可能性もあります。

その時にすべきことは、その結論を言うことではありません。

その結論に至るまでに自分に無意識のうちに問いかけた質問を思い出して、相手にも同じ質問をしてあげることなのです。

今回の例でいうと、「初期投資の回収に時間がかかり過ぎるから、それはやらないほうがいい」という結論に至る前に、どんな質問をしたのでしょうか。

たとえば、次のような自問自答をしたかもしれません。

「①この事業の初期投資はいくらだろうか?」
「②この事業の寿命は何年だろうか? 長くて何年、短くて何年でその寿命は終わるのだろうか?」
「③初期投資の回収にかかる年数は長くて何年、短くて何年だろうか?」
「④事業の予想寿命と比べて、その初期投資の回収にかかる時間は好ましいものだろうか?」

このような質問を一瞬のうちに投げかけた結果、その新規事業はやめたほうがいいという結果に至ったのだと思います。

だとするならば、今挙げた質問をコンサルタントは自分の中だけで消化せずに、相手にそのまま時系列で投げかけてあげればいいのです。

クライアントにとっても、コンサルタントに言われたからではなく、自分で考えて決めたい、という欲求がより高まります。

これを「テープの逆回し作戦」と言います。この作戦が対面だけではなく、メールでもできるということを証明する実例を、ここから紹介しましょう。

アドバイスをせずに顧客に自ら気づかせるには？

〈コンサルタント病〉

Step1：コンサルタントがいち早く導き出した「結論」を教えると

Step2：クライアントは自分で結論を導き出す力がつかない

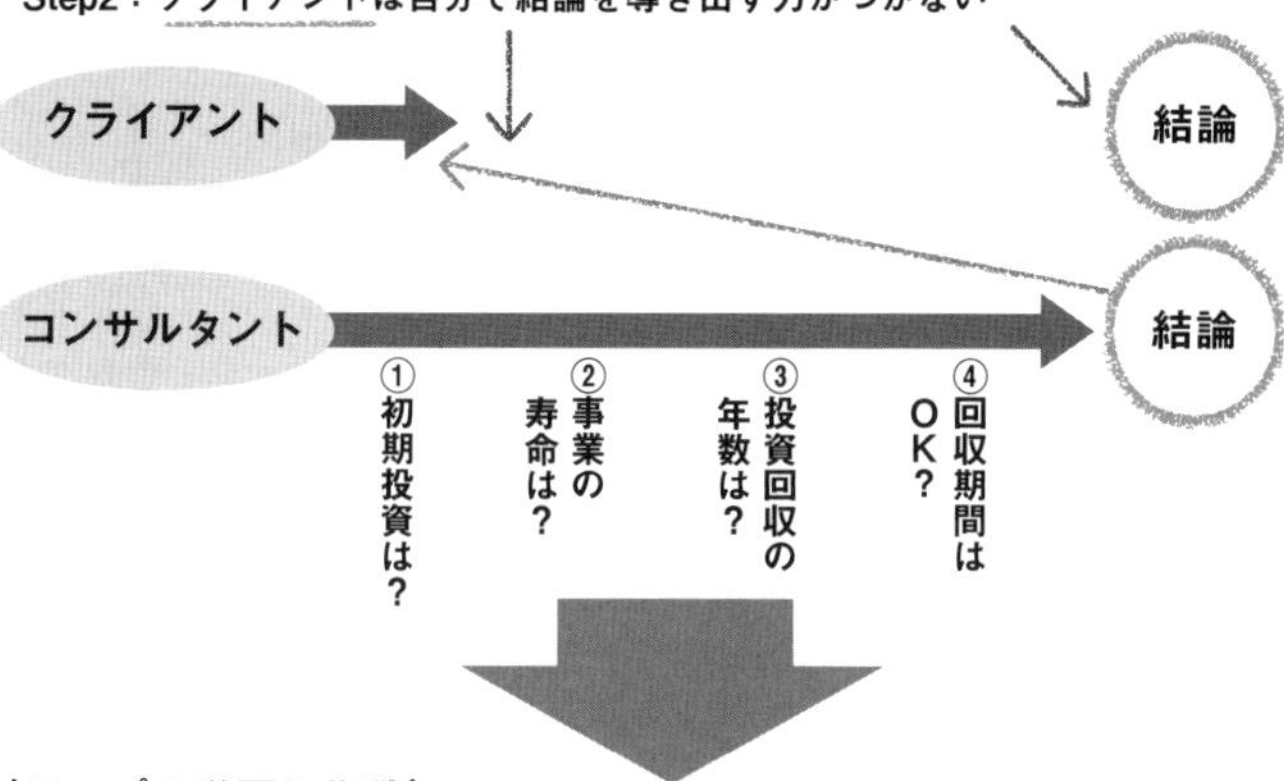

〈テープの逆回し作戦〉

Step1：コンサルタントが自分にした質問を順番に相手にしてあげれば

Step2：コンサルタントと同じ結論をクライアントは自ら導き出せる

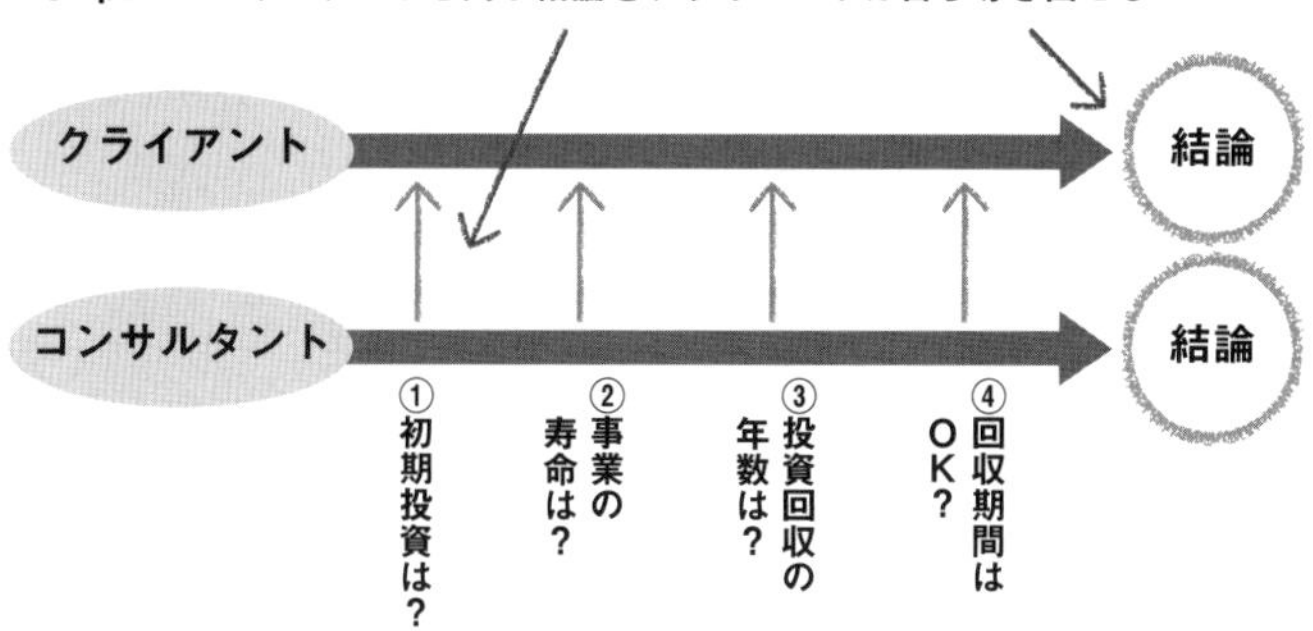

質問に対して質問で切り返す！
クライアントとの対話の実例

通常なら、クライアントからメールで相談や質問が来たら、それに答えてあげたくなります。

逆に、質問に対して質問で返したら、「それがわからないから聞いているのに、質問で返すってどういうことだ⁉」とお叱りを受ける可能性もあるでしょう。

そこまでいかなくても、「実は、答えられないから、質問してごまかしているんじゃないか？」と不審がられるかも知れません。

僕はクライアントから質問をもらったときに、すぐに答えを返すこともあれば、答えではなく質問を返すこともあります。

どちらかを選ぶ判断基準については、またの機会にお伝えしますが、大前提として僕には、**「正解を与えて相手を依存させるのではなく、考える力を鍛えて主体性と再現性を持たせてあげることが、和仁の価値である」**という思いがあります。

そのマインドに沿って、クライアントに質問を投げかけるわけですが、実際にどんなやりとりをしているか、その一例をクライアントの了承をいただいたので、次ページ以降にそのまま紹介します。

ちなみに相談者は歯科院長で、「スタッフのシフト制導入による週6日勤務を維持するか、週5日に減らすか？」という課題についての相談でした。

最初に届いた「意図が多少あいまいな質問メール」から、徐々に思考が具体化していくプロセスに注目して読んでいただけたらと思います。

相談に答えずして回答を導く、メール版ビジョナリーコーチングの実例

１月27日・１通目

和仁様

おはようございます。今日はご相談がありメール致しました。
昨日３年勤続のスタッフから退職の申し出がありました。
現状は衛生士４名、歯科助手１名、受付１名、常勤アルバイト１名です。
４月から常勤アルバイト１名が新人衛生士として就職予定です。

昨年10月から、従来休診としていた木曜日を診療日とし、同時にシフト制へ変更しました。当初はスムーズかと思われた移行も次第に予約にばらつきが目立ち12月はのべ人数で９００人／月を１年半ぶりに割ってしまいました。
１月も同様の傾向が続いています。今年は辛抱の年だ、と頑張ろうと思っていた矢先の退職の申し出に心が揺らいでいます。

私はスタッフ募集をして週６日診療を維持できる内部環境を整え継続しようと考えてい

ます。
ですが同じ目標へ向けてがんばれる人が採用できない場合は、週5日診療へ戻すことも
ありかなとも思っています。この問題をどのようにとらえればよいのでしょうか？

1月27日

Aさん

ごめんなさいね、

問題は、何でしょうか？(^^)

ビジョナリーコーチング的に言うと、
「タイトル」は何ですか？

その定義の仕方で、考える着眼点が変わり、
結論が変わりますからね。

つまり、まず考えたいことは、
検討したいことのタイトルは何か、を簡潔に言語化することですね。

和仁達也

✉✉ 1月27日・2通目

和仁様

返信ありがとうございます。

問題はシフト制を継続すべきか？
だと思っています。

問題の対策として今年はシフト制を維持する予定だったがスタッフ退職による人員不足が予想される。
補充が出来ない場合は変更やむなしと考えています。

1月27日

Aさん

ご返信、ありがとうございます。

なるほど、明快ですね！

「どんな条件が整えばシフト制を維持できるのか」

の条件を言語化しておくと、判断しやすくなりますね。

和仁達也

✉✉✉ 1月28日・3通目

和仁様

おはようございます。

素晴らしいアドバイスありがとうございます。

条件考えてみました。スタッフ数のみしか考えていませんでしたが、私なりにない知恵絞ってみました。

いかがでしょうか？


「どんな条件が整えばシフト制を維持できるのか」

1. 常勤衛生士採用
2. 常勤スタッフ採用
3. アルバイト女性歯科医師採用
ただし、器具洗いなどのバックヤード業務もこなしてくれることを了解してくれた場合

4．1日の診療時間を短縮してシフトの自由度を大きくする
現在平日9時間・土曜8時間という1日の勤務時間を、全日8時間に変更（平日の診療時間を8時間から7時間に減らす）。
勤務時間の関係で土曜日全員出勤にてシフト制を組んでいる。
そのため曜日間でスタッフ人数の偏りがあるので是正を図る。
診療時間を短縮することで経営にどのような影響が出るのか不安。

1月28日

Aさん

こんにちは、和仁です。

素晴らしいです。具体的に見えてきましたね！

＞診療時間を短縮することで経営にどのような影響が出るのか不安。

これは、想像し得る影響を、リストアップしてみてはいかがでしょうか。
よろしくお願いします。

和仁達也

1月28日・4通目

和仁様

診療時間短縮による影響

メリット

1．シフト制が現在のスタッフで可能になる。
2．1日の勤務時間が8時間労働となりスタッフにとって働きやすい環境になる。
3．現在時間調整として午前午後に10分休憩を取ってもらっていたが必要なくなる。

デメリット

1．診療時間短縮により患者さんの受診時間が制限される。
2．1日に診療可能な患者数が制限される。
3．現在通院中の患者さんが通院できない場合がある。↓経済的影響
4．矯正専門医の診療時間が時間外診療になる。

デメリットの対策

1．診療時間変更を告知することで現在通院中の患者さんにお伝えする。
2．月に1～2回矯正診療日を設けその日は午後8時までとし、その日をこれまで6時

以降に受診されていた患者さんの治療時間とする（診療時間が限られるため担当制はなくす）。

3．1時間短縮による診療機会ロスは最大8人。20日でのべ160人。幸か不幸かシフト制に変更して3カ月目で同程度の減少があったのでこのようなことがあっても今ほど不安にならないかも（今はとても不安）。

まだ4つしかデメリットが思い浮かびませんが何となく不安が少し解消しました。時短に対してわくわく感もわいてきました。

1月28日

Aさん

素晴らしいですね！

よく考えられていると思います。

他に見落としている点はないか？

また、リスクを最小化するために他にできる手立てはないか？

について、明日改めて考えてみると、またひらめきがあると思いますよ。

和仁達也

1月29日・5通目

和仁様

こんにちは。

ここ数日で何度もメール送信したにもかかわらず、そのたびに早い返信ありがとうございます。

1日経ってみると見落としている点やほかの手立ても見えてきました。

1. そもそも、退職で揺らいでいるスタッフともう一度面談して本意を確認する。
2. 時短するのではなく土曜日休みの場合、平日早退させて調整する。
3. ドクター1名の日はアポイント枠を減らす。
4. 現状は月のべ患者数900人、診療日25日であれば1日平均36人。維持できない数字ではないことをスタッフに伝える。

診療日を減らすことなくスタッフの負担を増やさず対応できる方策が見つかりそうです。

和仁さんが気になるポイントはどのあたりでしょうか？

1月29日

Aさん

素晴らしいですね！

私が感心したポイントは、Aさんは、着眼点を持ちさえすれば、ちゃんとご自身で回答を導きだせている、ってことです。

そしてこれは、たいていの場合、スタッフさんにも当てはまります。

1から10まですべてを教えなくても、着眼点を与えて考える方向性を提示すればたいていの場合、自ら答えを見つけ出すことができるんですね。

和仁達也

1月31日・6通目

和仁様

ありがとうございます。

最初の返信を受け取ったとき、私の相談に対してなぜ和仁さんから質問が送られてきたのかわからず困惑しました。
しかし少し落ち着いて考えてメールを何度か送信していくと自分なりの回答が出てきました。
ありがとうございました。

さらにすごいところは、自分で出した結論なので実行も早かったことです。もし同じ結論を誰かにアドバイスされていても、すぐに行動に移すことはできなかったと思います。

行動した・することは
衛生士専門学校へ求人票を出して担当者に挨拶に伺った。
退職を申し出たスタッフに来週初めにもう一度今後のことを相談する約束をした。
アルバイトにきてくれそうな女性歯科医師と今日新年会で会うので、そこでリクルートをする。
シフトの変更などをじっくり考えてみる。予防専用ユニットを作ることを考える。
スタッフに着眼点を与えられるよう、
和仁さんに対して私が持つ信頼感を、スタッフとの間にも築きたいです。

1月31日

Aさん

素晴らしい気づきですね！
ぜひ、スタッフさんとの関係にも応用してみてくださいね。

和仁達也

以上、6往復のメールのやり取りでしたが、徐々にクライアントの思考が明快になっていくプロセスを感じとっていただけたでしょうか。

クライアント自身も書かれているように、初めからこちらが質問の答えを書いていた場合と、本人に考えて導き出していただいた場合とでは、行動につなげるインパクトの大きさが異なり、成果も違ったことでしょう。

しかも、現場の情報を一番把握しているのは僕ではなくて、相談者であるAさん自身です。ならば、その考え方さえサポートすればいいのです。考える素材である情報を一番知っているのは、クライアント本人なのですから。

コンサルタントが対話で「やらかした」事件簿

落とし穴

Chapter 6

ここまで本書を読み進めてこられて、もしかすると「和仁は独立から今まで、失敗もなく、順風満帆にやってきたんじゃないか」と感じた方がいるかも知れません。

当然ですが、僕も大小たくさんの痛い目にあって、今に至っています。ただ、その出来事をほったらかしにせず、学びと成長のネタにしてきたからこそ、地に足の着いたノウハウが蓄積し、本書が誕生しました。

そこでこのChapterでは、みなさんが同じ落とし穴に陥らずに済むことを願って、普段はお伝えすることがない、僕や身近なコンサルタントが「やらかした」失敗事例を紹介します。

コーヒーでも片手にリラックスして読み進めてもらえたらと思います。

1．「社員総反発」事件
～コンサルタントが社員から猛反発を受け、社長が批判の矢面に～

社長とコンサル契約を結んだことで、つい油断をすることがあります。

僕が実際に体験した例をひとつご紹介します。

それはコンサルティング契約が始まって半年ほどが経過した時のことでした。「社員が会社の方針についてどう思っているかを知りたい」という社長の要望にお応えして、個別の社員面談を設定してもらいました。

そして翌月、いざ本番となったわけなのですが、その社員面談において、多くの人が明らかに心を閉ざしている、ということが伝わってきました。ただ、表向きには無難に面談を終えて、その日のコンサルティングは終了しました。

ところが翌日、その社長からメールが届きました。内容は、「どうもうちの社員がコンサルタントに対して強い違和感を持っているようです」という趣旨でした。慌てて電話をすると、社長は次のようにおっしゃいました。

「いや、申し訳ない。実は、私の説明不足だったと思うんですが、うちの社員が『なぜあんなコンサルタントにあれこれ聞かれなきゃいけないのか』という不満を言ってきたんです。

もっと最初にコンサルタントを入れる意義やその目的を伝えておくべきでした。ただ社員もこのままだと納得しないと思うので、いったん面談は中止にしたいと思います」

その時、僕はまだ経験が足りなかったので、どのようにフォローすればいいかわかりませんでした。

そのため、しばらくは社長とのコンサルティングを続け、一方で社員との関係構築のチャンスを見計らうため、様子見に転じることとしました。

さて、いったい何が起こったのでしょうか。

これは、**社長と信頼関係ができたと思って油断している時にハマる落とし穴**です。

つまり、社長との間では、営業段階でコンサルティング契約を結ぶと決まった時点で関係性が構築されています。ところが、社員との間においてはまだそれができていない、ということを見落としていたのです。

コンサルタントは、**社員に存在価値を認識されて初めてやっと関係ができた、と思う必要がある**のです。

「社長と関係ができたら、イコール社員とも関係ができている」と思うのは早計であることを、この時学びました。

ここで紹介したケースのように、初めて社員面談をするときは、社員はコンサルタントに対してとても警戒をしています。

なぜなら、社員にとってみれば、コンサルタントは「社長がお金を払って送り込んだ刺客であり、社長の代理人」だからです。

「へたなことを言おうものなら、すべて社長に筒抜けかもしれない」という不安があるなかで、腹を割って本音を言ってくれるかというと、なかなかそうはいきません。

ところが、コンサルタントにとって社員面談をする目的は、社長に対して言えない本音や言葉にならない不安や不満を社員から引き出して、いち早く手を打つことです。よって、警戒心を持たれたままではその目的が果たせません。

そこでなるべく早い時点で社員と関係性をつくる必要があります。そのためにはどうすればいいでしょうか？

その秘訣はいくつかありますが、まず大切なのは、**「社員面談の冒頭で必ず伝えておくべき入り口づくり」**です。

たとえば、僕の場合は次のような前置きトークを社員面談の冒頭にお話しします。

コンサルトーク

「最初に、今日の○○さんとの面談の目的をお伝えしますね。会社のビジョンと社員の理想ができるだけ重なるような一致点を見出して、それを広げたいと思ってこの場を設けました。

というのは、会社のビジョンがこの丸だとします。そしてこちらの丸が社員みなさんの幸せで、それぞれにあると思います。この2つの丸の重なる部分があるからこそ、今この会社で働いているのだと思うんですね。そしてできることならば、この一致点の面積がより広がったほうが社長にとっても社員にとっても幸せなんじゃないかと思うんですけど、どうでしょうか？」


（うなずいたのを確認してから続けます）

コンサルトーク

「ところが、実際にはボタンの掛け違いのようなコミュニケーションのズレが起こっていて、本来会社と社員は同じ方向を向いているはずなのに、この2つの丸が重なる面積が少ない、というケースがあります。

それは社員の想いが社長に届いていないからだったり、あるいは社長の想いが社員に伝わらないゆえの誤解が背景にある場合が多いのです。

そこで今日の面談では、社員の方1人ひとりが『どんな思いで仕事をしているのか』『どんなことを頑張っているのか』、そして『より働きやすい環境にするために、会社に対してどんなリクエストがあるのか』ということをざっくばらんにお聞きします。

　その対話のなかで社長に伝えたほうがいいと一緒に決めたことについては、私から社長に伝わりやすい表現でお伝えしたいと思います。もちろん、今日の段階ではまだ言わないでほしいということについては伏せておきます。

　ということでざっくばらんにお話を聞いていきますので、そのような形でお時間を今から30分いただきたいのですがよろしいでしょうか？」


と、このような前置きトークをします。

　ここで重要なのは、「その会社で働いている以上は、会社の幸せと社員1人ひとりの幸せの一致点がある」という前提で話をすること。そして、「その一致点の面積がより広げられるようにするためにこの面談が設けられている」という意味づけをすることです。

　この場合、その社員にしてみれば、何もしゃべらなければ今と何も状況は変わらないです。しかし僕に何かしゃべることによって、少しでも状況が改善されて働きやすくなるのであれば、それはしゃべる価値がある、というふうに思ってもらえるでしょう。

この時に、**話の内容も重要ですが、それと同じくらいに表情や態度、そして醸し出す雰囲気もとても重要**です。コンサルタントは**相手（この場合はクライアント先の社員）から常に見られている**ということを忘れてはいけません。

ちなみに、クライアント先の社員からの「なぜあなたにしゃべらなければならないの?」という疑問は、社長のビジョンがまだ社員とは十分に共有できていない会社ほど、強く出る傾向があるので、注意したいところです。

2.「正論をぶつけて即契約解除」事件
～思ったことをそのまま言うと悲惨な目にあう～

コンサルタントというのは、正義感にかられてなのか、つい、社長に正論をぶつけたくなる時があります。僕にもそういう時期がありました。

「なぜ、約束を守らないのだろうか?」
「なぜ、次回までにやると言ったことをやらずに1カ月を過ごしてしまうのか?」

「なぜ、あんな言い方を社員にするのだろうか？」

という疑問を感じたり、改善点が思い浮かぶことがあります。

その時にそれを真正面からぶつけるとどうなるでしょうか。

「社長、すべての課題はトップに責任があります。なので社員に要求する前にまず社長が変わらなければいけないのではないでしょうか？」

このような正論をぶつけると返事はだいたい予想がつきます。それは、「お前に言われたくない」ということです。

実際に僕自身が、ぶつけたい衝動を抑えきれずに社長にそうした類の正論をぶつけてしまい、契約を即解除されたことがありました。

コンサルタントの仕事というのは、「何を言うか」も大事なのですが、それよりも先に「誰が言うか」が問われています。つまり**「それを言うだけの正当性が自分にあるのか」**ということが問われているわけです。

しかも、仮に正当性があるとしても、正論をぶつけられると人は感情的になってなかなか素直に受け入れにくいことがあります。

なので、正論をぶつけたくなったら、まず考えるべきことは、**「私は、なぜこの社長の行為に対して問題だと感じているのか？」という理由の部分**です。

何らかの理由があって「改善してほしい」と思っているわけですから、その理由を一度整理するのです。

すると、たとえば「社員に要求していることを社長自身がやっていない、その言動の不一致が社員のやる気をなくしている」と考えたとします。その場合、そのことについて、社長に問いかけてみます。

コンサルトーク

「社長、社員は『上司が言っていることとやっていることが一致しているかどうか』を常に見ていると思うんですが、社長はいわゆる〝言行一致〟ということに関しては、どれぐらい実行できていると思われますか？」

このように着眼点を与えます。すると、もしかしたら素直な人や自分を客観視できる人であれば、

「たしかに、社員に言っていることを自分が全部やっているかというと、必ずしもそうではないですね」

というように内省してくれる場合もあります。その場合は続けて次のように聞いていきます。

コンサルトーク

「そうなんですか。どのあたりが言行一致できていないと思われますか?」

このように、**具体的な改善点に矛先を向けていける場合には、相手が答えたことを起点にして話を進めていくことによって改善提案につなげやすくなります。**

先ほどのケースでは、「社員に何かを要求する時には、社長もその要求することを模範としてできている必要がある」という着眼点を投げかけたわけです。

これをそういった着眼点をすっ飛ばして結論から言うとどうなるでしょうか。

おそらく冒頭のように、「社員にあれこれ言う前に、まず社長が変わらなければいけないんじゃないですか?」という正論になってしまい、言っていることは正しいが、相手は感情的に受けとめにくい、ということになります。

なので、**正論をぶつけたくなったらまずすべきことは、その階層を一段上げて、あるいは抽象度を高くして、その着眼点を社長に問いかけることです。**

そして「意味がわからない」と言われた時に、その意味を少しずつ説明していく、というふうに対話を進めていくと相手が聞く姿勢に変わってくれて、こちらの意図を伝えやすくなることがあります。

3.「期待外れ」事件
～社長が何を求めているのかわかっていないと地雷を踏む～

この事件は、僕が独立して半年ほど経過した時に起こりました。

社長との関係性もでき、やる気も旺盛な僕は次の提案として、その会社の商品をいかに拡販するか、というマーケティングのプランを書き留めてそれを社長に提案しました。

その日、通常のコンサルティングを終え、終わり際に社長に一言、次のような提案をしたのです。

「社長、今回のコンサルティングに関連して1つ思いついたアイデアがあったので、提案書にまとめてみました。一度読んでいただけますか？」

そして、自分が考えたマーケティングプランをそのレジュメに従ってお伝えしていったのです。ところが、その社長のリアクションは、僕の期待とはまったく逆のものでした。

てっきり喜んでもらえると思っていたら、むしろ不機嫌そうな顔をしているのです。そしてひと通りの説明を終えた後、社長が口にした一言は今でも忘れることができません。

「和仁さん、こういうことは、僕は和仁さんに期待してないんですよ」

その瞬間、頭の中が真っ白になりました。意味がわかりません。でも今なら、この社長が言わんとすることがよくわかります。

社長が言いたかったのはこういうことです。

「私がコンサルタントを雇ったのは、自分が苦手な部分をフォローしてほしいと思ったからである。つまり、お金についてドンブリ経営であることや、やりたいことをまとめる話し相手として期待しているのであって、自分にとって一番やりがいがある商品開発や商品をいかに売るかというマーケティングにまで、あれこれ口出しをされたいわけではない」

こうした「社長の本音」に気づかなかった僕は、自分がやるべきこととやらなくてもいいことの区別がわからず、的外れな提案をしてしまったわけです。

誤解がないように補足しておきますが、一般的にいって、社長は常に会社を発展させるために、商品づくりやマーケティングは考えていて、それに役立つアイデアや情報を提供すれば喜ぶものです。

ただ、それはあくまで**「自分の理念や考え方に沿ったアイデアがほしい」のであって、そこから外れたやり方を提案されても、ウザいだけ。**

「このコンサルタントはウチのことをよくわからずに、的外れな提案をする人なんだな」というラベルを貼られてしまう。そこは注意が必要です。

この時以来、僕は「自分の役割はいったい何なのか」ということにフォーカスし続けるようになりました。そして1つの結論として、それは「社長が言いたいことを社員にうまく伝わるように橋渡しをしたり、裏付けをする役割」、あるいは「社員が社長に伝えたいことをうまく伝えるようにする通訳の役割」であるということがわかりました。

つまり、コンサルタントの主義主張や考え、思いを押しつけるのではなく、社長の考えを社内に浸透させるための潤滑油となるのが「パートナー型」コンサルタントの役割であるということに気づいた瞬間でもあったのです。

4.「調子のいい、あいづち」事件
～話をちゃんと聞いているかどうかは、意外に見抜かれている～

これは僕自身ではなく、僕にアプローチしてきたある営業マンの事例です。広告宣伝に関するセールスをしてきたその営業マンは一見とても表情が明るく、よくうなずいてくれて話しやすそうに見えました。

ところが、途中で違和感を覚え始めたのです。

なぜかというと、相手のあいづちが極端に軽く感じたからです。つまりこちらの話を聞いているのか、聞いていないのか、わからないような感じがしたのです。

彼のあいづちはとても単調でテンポのいい、「はい、はい、はい」「はい、はい」というものでした。

ただそのテンポがあまりにも一定過ぎて、「この人、ちゃんと聞いてないいんじゃないか?」と感じたのです。

そこで僕は途中で、「ここまでのところについてどう思いますか?」と振ってみることにしました。

するとその営業マンは、急に対話の流れが途切れたことに驚き、「えっ」と我に返って沈黙が生まれました。つまり、彼はここまで僕がしゃべったことをすべて聞き流していたので、何をどう答えていいかわからなかったのです。

そこをあえてフォローもせずじっと待っていると、結局のところ彼は何も聞いていなかったことがわかり、気まずそうに席を立って帰ってしまいました。

これは笑い話のようなエピソードですが、この営業マンと同じようなことを、ついコンサルタントがやってしまうこともあり得ます。

それは**話を聞いているフリをして次に何をしゃべろうか、と考えているケースが、コンサルの現場ではけっこう多い**からです。

クライアントは「自分の話をちゃんと聞いてくれているのか、それとも聞き流しているのか」「聞いてるフリをして次にしゃべることを考えているのか」、さらに言えば「こちらにちゃんと関心を持って聞いてくれているのか？」ということを敏感に感じとっています。

つまり、しゃべっている時だけでなく、自分が話を聞いている時も油断をしてはいけないということなのです。

5.「鏡の法則」事件
～大切なことは面と向かってきちんと話すべきである～

次に紹介するのは、僕の知人であるコンサルタントの事例です。

コンサル契約が始まる1回目の面談の前に、せっかくだから予習のためにと課題図書を出しておこうと考えた彼は、自身が大変感銘を受け、ベストセラーにもなった『鏡の法則』（野口嘉則著　総合法令出版）を社長に読んでおいてほしいとメールを送りました。

そして、気を利かせて、前もってその本を宅急便で送っておいたのです。

そして面談当日。てっきりクライアントから感謝の言葉とその本についての感想を聞けるかと思いきや、クライアントの第一声は、「いったい、どういうつもりなんですか?」という怒りが込もったものでした。

そのコンサルタントはそのリアクションに驚き、事情を聞いてみると、それは次のようなものでした。

その本は「自分が変われば、自分の周りの世界が変わる」という主旨のことが書かれていました。誤解のないようにお伝えしておきますが、この本はとても素晴らしい本です。僕は著者の方とも知り合いですが、素晴らしいお人柄です。

ただ、そのコンサルタントが課題図書を紹介するやり方がまずかった。

「会社の問題点を変えたいならば、社員ではなく、まず社長が変わる必要があるのだ」というようにコンサルタントの意図を感じとった社長は、

「要は、私に変われ、と言いたいのか! 私は、どうしたら社員が変わってくれるか、その答えを求めてコンサル契約をしたのに。それを、いきなり本を送りつけてきて、

なんて失礼な人だ」

と憤慨したようです。

もし、このコンサルタントがメールや宅急便だけのコミュニケーションで一方的に本を送りつけるのではなく、ちゃんと面と向かって意図を伝えた上で渡していたなら、こうした誤解は生まれなかったかもしれません。相手の表情やリアクションを見て、すかさずフォローを入れることができただろうからです。

その社長も決して独りよがりではなく、たまたまその時に虫の居所が悪くて怒りが噴出したのかもしれません。

しかしながら、コンサルタントの意図がうまく伝わらなかったがために、せっかく好意で送った課題図書が逆に相手を傷つける、もしくは怒りを買うようなことになったわけです。

「まだ関係性ができる前に何かを提案する時には、誤解がないようにその意図を丁寧に伝える必要がある」ということを、この話を聞いた僕は身をもって学びました。

6.「社員の空気を読めず大ひんしゅく」事件
～発言するタイミングを間違えると、墓穴を掘ることも～

これはある医療機関のコンサルにおいて、僕が経験した失敗事例です。

その医療機関ではある事件が起こった直後で、スタッフのモチベーションが大きく下がっていました。ただその訪問日は、その医院の決算月でもあったので、新年度を迎えるにあたって毎年恒例の決算報告を行い、そして新年度の方針発表をするというタイミングでした。

全スタッフが集まったミーティングの場で医院長が新年度の方針を発表し、僕からはコンサルタントとしてこの1年間の業績の報告と、新年度の経営方針について話をしました。

ところが、スタッフのリアクションはいつもの感じではありませんでした。むしろ重たく暗い雰囲気を感じました。私としては役割を全うしなければいけないと思い、話を続けました。

たとえば、「労働分配率目標をクリアできるように、つまり自分たちの人件費をきちんと払えるように粗利を稼がなければいけない」とか、「1日の目標の患者数は何人である」という話です。

これらの話は平常時であれば、ちゃんと受けとめてもらえる類いのものでした。

ところが、その数週間前から悪質なクレーム客に悩まされ、辞めるスタッフが続出。残ったスタッフでカバーしつつも、みな心身ともに疲弊しきっていました。

そんな精神的なダメージがある状況のスタッフたちでしたから、何を言っても耳に入っていきません。むしろ、「こんな大変な時期にお金の話、それも人件費をまかなうような売上をつくれ、なんて話を聞かされるなんて、医院長やコンサルタントは自分たちのことを何もわかっていないのだ」と思ったようです。

その怒りの矛先が、医院長やコンサルタントに向かい、露骨に嫌悪感を示す対応になったのだと思います。

ミーティングの後、その異変に気づいた医院長と僕は、特にその怒りの感情を露わにしたスタッフと個別に話をし、彼女の心情を汲み取った上でお詫びをしました。

コンサルタントとして「何を言うか」も大事だけれども、「いつ言うか」というタ

イミングは、もっと大事であり、そのタイミングを間違えると正しいことを言っていても相手の怒りやひんしゅくを買うことがある、ということをこの時学びました。

7.クライアント先の社員から「がっかりです」事件
～コンサルタントには越えてはならない一線がある～

あるクライアント先の懇親会での話です。

その年度の業績がほぼ確定し、目標を達成したお祝いも兼ねて、コンサルタントである僕も一緒に飲みに行くことになりました。その場はとても楽しく、みな盛り上がって飲んでいました。

その時、他の仲間からよくイジられるAさんという社員がいました。飲みの席ということもあって、Aさんはみんなからからかわれていました。

本人もそれに対して文句を言いながらも笑っているようだったので、僕もつい油断して他の社員と同じくその場に便乗して笑って過ごしていました。

そして翌日、オフィスに足を運んでメールを受信してみると、そのAさんからメールが届いていました。

件名は、「和仁さん、がっかりです」というものです。

その件名に驚いた僕は、慌てて本文を読むと次のようなことが書いてありました。

「昨日は会議お疲れ様でした。ところで、懇親会の席でみんなが私のことをからかっているのはいつものことなので特に気にしていないのですが、まさかあの席で和仁さんまで一緒になって笑うとは思いもせず、正直がっかりしました」

という内容です。この時僕は、コンサルタントの言動がクライアントにどのような影響を与えるのか、その影響力の大きさについて改めて気づかされました。

そして、彼にすぐに電話をしてお詫びをするとともに、今後このような軽率なことはしない、ということを自分に対して約束しました。

もちろんこれもケースバイケースのことなので、そこまで固く考えなくてもいい場合もあるのでしょう。

ただし、**相手との関係性がどこまで構築できたかをちゃんと理解しないままにそのような態度をとることで、相手を傷つけることもある**のです。

たまたまAさんは直接僕に伝えてくれたのでまだフォローができてよかったのですが、多くの場合はこのようなことを感じても言ってくれないほうが多いと思います。するとその両者の間には微妙なしこりが残り、関係を再構築するチャンスすら与えられないのです。

＊　＊　＊

さて、ここで紹介したエピソードは、僕が独立してから今まで十数年間で「やらかしてきた」「見聞きしてきた」ことの、ほんの一部です。

特に「やらかした」ケースではその都度、「イタタタ！　やっちゃった！」と頭を抱え込み、そして、「同じことを何度も繰り返すことがないよう、再発防止のためにどんな工夫をするか」を考えてメモし続けた結果、今があります。

一つひとつの出来事が僕のコンサルティングの試行錯誤の結晶であり、本書でお伝えするようなさまざまな考え方やノウハウにもつながっているのです。

転んでも、ただでは起きない。

僕たちコンサルタントは、成功体験も失敗体験もすべて「クライアントに気づきや学びをもたらすネタ」にできるのですから。

気づきを与え、信頼と尊敬を得る着眼点の見つけ方

長期契約締結

Chapter 7

会社の財政状態を正しく伝え、〝健康的な危機感〟を社員にもたらすには？

多くの社長に共通するお困りごとの1つに、「社長と社員の立場の違いからくる危機感のズレ」があります。これは、一般の会社もそうですが、特に医療機関において顕著に見受けられます。

たとえば歯科医院の院長は、ドクターであると同時に、経営者でもあります。したがって、患者さんへの医療はもちろん重要ですが、それを継続的に行うため、そしてスタッフの雇用を続けるためには、収入や支出に気を配り、数字を追い求めるのは当然のことです。

ところが、スタッフにとっては院長は経営者である前に、ドクターであって欲しいと思っています。そのため、そのドクターがミーティングや朝礼のたびに、

「目標人数まで、あと5％だ」

「患者数が足りない」

「自費診療の割合を増やすには」

という話をすると、まるで金の亡者のように見えてしまうことがあるようです。

その冷たい視線を感じた院長は、それ以上数字について口にしにくくなり、収支の不安を1人孤独に胸の中にしまいこむ日々。

その一方で、患者さんが空いた時間にスタッフがブラブラしていたり、私語をしながら談笑している姿を見ると、頭に血が上るのです。

「なんで、そんなにノホホンとしていられるんだ！　時間が空いたなら、資料を作ったり、洗い物とか、やることはいくらでもあるだろう⁉」

では、社員に「医療と経営は両輪だ」と教育してきたレベルの高い医院であれば、スタッフとの間にズレは生じないものなのでしょうか。

いいえ、そんなことはありません。逆に真面目さゆえに、患者数が目標を割り込む日々が続いたことで、「売上が減る＝自分たちの給料やボーナスが減る」と連想体系が浮かんで過剰に心配して騒ぎ立てる、などということもあったりします。

そこで、ここではそんなレベルの高い歯科医院において、コンサルタントが医院の財政状態を院長やスタッフに正しく認識してもらい、スタッフにいかに「過剰な不安」ではなく「健康的な危機感」をもたらすかについて、実例をもとにしたストーリーを用意しました。

さっそく紹介していきましょう。

開業6年目を迎えるその歯科医院は、あるカベに直面していました。

これまで順調に患者数を増やし、売上を伸ばしてきましたが、勤務ドクターの独立開業が続き、患者離れが起きていたのでした。

実際、直近の2カ月はアポの空きが目立つようになっていました。受付スタッフがなんとか空きを埋めようとアポの前倒しを促していましたが、それでも1日平均80人だった患者数が、日によっては60人を割り込むことも。

日頃、院長から「医療と経営は両輪だ」と言い聞かされてきたスタッフは、現場の状況から強い危機感を持っていました。ただ、その危機感を持って仕事をしてくれていること自体は、院長としても頼もしく、また誇らしくも感じていました。

ところが、定例ミーティングの前日、チーフ衛生士から院長に打診がありました。

「院長先生、明日の院内ミーティングですが、できたら少し長めに時間をとっていただけないでしょうか？

みんな、今の経営状況で大丈夫なのか、また、院長はどこまで実態を把握されているのか、不安なようなのです。

院長先生から直接、今の医院がどんな状況で、どこに患者数減少の原因があり、どんな対策を考えているのか、お話しいただければ、みんな安心すると思うんです」

院長は、その申し出を聞いて、少々戸惑いを覚えました。

「それは経営者がする心配ではないか。なぜスタッフがそこまで心配しているんだろう？　それに、当然ながら自分としてはすでにいくつも手を打っているのに、何か不信感でもあるんだろうか？」

翌日。定例ミーティングの1時間前に、コンサルタントが院長室に入ってきました。

チーフ衛生士からの打診について院長から話を聞くと、コンサルタントは次のように答えました。

「それは、おそらくスタッフのみなさんは、過剰に不安を覚えているのではないでしょうか？

というのも、当院のスタッフは経営の勉強もしていて、『利益はなぜ上げないといけないのか』『自分たちの給料は粗利からの分配なので、給料の3倍以上の粗利を稼ぐことが必要』『売上が目標をどのくらい下回ると赤字になるのか』といったことを日々学んでいますよね。

それは、危機感を持って仕事をする上ではとても有効なのですが、一方で不安を助長させる一面もあります。

というのは、具体的な数字を知らずにその概念だけが先にきて、しかも現場感覚では患者数が減っているのを肌身で感じている彼女たちは、『このままでは、医院は赤字になり、自分たちの給料やボーナスはカットされるんじゃないか？』『場合によってはリストラされるんじゃないか？』というマイナスの連想をしているのかも知れません。そのあたり、いかがですか？」

「たしかにそれはあるかも知れません。私が日頃から『みんなの雇用を守るためにも、ちゃんと利益を出すことが大事だ』と口癖のように言っているので、その逆を見れば、『利益が出なければ雇用は確保されない』となって、不安が先にきて、それをスタッフ同士が口にしあうことはあるかも知れませんね。

そういえば、最近スタッフたちの表情が暗く感じたのは、そのあたりに原因があったのかも」

事情を理解したコンサルタントは、毎月の経営データをすばやくチェックした上で、次のように語りました。

「わかりました。では、まず院長とスタッフの間にある認識のズレを解消することが必要ですね。

前年同月比で直近2カ月の数字を見て、『患者数の増減はどの程度か?』『売上の増減はどの程度か?』『メンテナンス患者の増減はどの程度か?』について、確認しましょう。それぞれチーフ衛生士はどんな認識でいると思いますか?」

院長は腕組みしながら少し考えて、答えました。

「そうですね……。患者数はアポの空きが目立ってきたので、10～20％の減少、売上も同じくそのくらい減っていて、メンテナンスは多少は増えている、と感じているんじゃないでしょうか。私もそんな感じだと思っていますし」

その院長の返答に対して、コンサルタントは意外なデータを口にしました。

「やはり、実際のデータと現場感覚の間にギャップがあるようです。

実はそこまで悪くはありません。直近2カ月の患者数は前年同月比で4％の減少、売上は月あたり10万～20万円程度の減少で、その大半は粗利率の低い物販収入の落ち込みによるものです。

そして、メンテナンスで来院する患者数が全体に占める比率は前年同月が25％だったのに対して、今年は29％と4ポイントアップ、人数自体も増えています。

これを聞いて、どう思いましたか？」

院長は、軽い驚きを覚えつつも、わからなくもない、という表情になりました。

「たしかに以前はアポが１週間以上先でないと入れられない状況だったのが、最近は簡単に入れられるようになったので、患者数が減っていることを実感していました。

ただ、だからこそスタッフが前倒しでアポを入れてくれているから、結果的にはそこそこ来院数は確保できていたんですね。

また、以前はスタッフ数が足りないなかで頑張っていたのが、今は人手がそろっているし、忙しさのなかで鍛えられた彼女たちからすると、『野球で１５０キロのスピードボールを見慣れたために１４０キロの球が超スローボールに見える』みたいなことがあるかも知れませんね。

いずれにせよ、売上が下がっていることには変わりがないので危機感は必要ですが、過剰な不安感を持つ必要がないことを、このデータを示しながら伝えたほうが良さそうです」

実際のデータと現場感覚の間にギャップが生まれ、経営者やスタッフが過剰な不安を抱くことはめずらしいことではありません。

不安を感じたときのはじめの一歩は、「正しい事実（データ）を把握」すること。

具体的には、歯科医院の場合は患者数が減ってきた、と感じたときには、「患者数」「メンテナンス数」「売上（自費売上、保険売上、物販売上）」などが、前年同月比でどれだけ増減しているか、をきちんと突き止めることです。

そこを端折（はしょ）って対策に走っても、たいていは徒労に終わります。

なぜなら、**「現状を正しく把握しないままの対策は、それをやり続ける理由が不明確なので、最後まで完遂されない」**からです。

このように、感覚で判断し、過剰な不安感に襲われているクライアントに対するコンサルタントのスタンスは、「正しい事実を把握」すること。そして、「どんなデータを把握すればいいのか」をきちんと理解していることです。

そして、認識と事実の間のズレに気づかせてあげたとき、クライアントはコンサルタントのことを「よくわかってくれている」と信頼し、また「信頼できる右腕がいる心強さ」を実感するのです。

長く付き合うほどに高まる
コンサルタントの価値とは

コンサルタントの契約期間は、一般的には半年から1年くらいと言われています。それは、毎月面談して12カ月もすると、自分の持ちネタはすべて出し尽くし、言わば「味のしないガム」みたいになって賞味期限が切れるからです。

ところが、「パートナー型」コンサルティングの場合、3年以上の複数年にわたって契約が続く傾向があります。ちなみに僕の場合、平均で7~10年以上、最長のクライアントは16年以上続いています。

そのため、よくコンサルタントや士業の方から、

「報酬が高いことも興味がありますが、契約が長く続くのはなぜですか?」

と質問されることがあります。

正直に言うと、僕としては「クライアントのビジョン実現化にどう関わるか」に集中し続けた結果なので、特に意識していることはありませんでした。

ただ、やっているなかで、**長年にわたって関与するコンサルタントだけが発揮できる資産価値がある**ことに気づきました。これは、僕自身は意識してこなかったのですが、クライアント目線で客観視してはじめて気づいたことです。

長く付き合うほどに高まるコンサルタントの価値。それは、**クライアントと歴史を共有している**ことです。たとえば、次のようなことが挙げられます。

- 5年間関わり続けた場合、順調なときもあれば、どん底のときもある。
- 成果が出て感謝されることもあれば、うまくいかない理由をコンサルタントのせいにされることもある。
- 会社の批判ばかりしていた社員を解雇するかどうか悩み抜き、結果的に教育で解決する決断をした結果、今ではリーダーとして活躍している社員が何人もいる。
- 会社の命運をかけた大きな案件を受注するために周到な準備をし、ついに獲得した成功体験がある。
- 頼りにしていたナンバー2がいきなり独立退職を申し出てきて、対応に慌てながらも、心構えを立て直して対処し、ピンチをチャンスに転じてさらに飛躍した経験もある。

こうした歴史を共有していることで、緊急な問題を相談するときに、初対面の人にしゃべるようにわざわざ「1から10まで」言わなくても伝わる安心感。

これは、「ウチの事情をよくわかってくれているので、的外れな返答が来ることはない」という信頼感があってこそです。

たとえば、ふだんはモチベーションの高い社員がここ最近、あきらかに意欲が減退していたら、久しぶりの個別面談を頼める信頼感。これは、社員たちとコンサルタントの間で信頼関係が構築されていて、しかもコンサルタントが何年も経営に関わっていることを社員たちが認識しているという下地が生きています。

つまり、クライアント先の歴史を、社長や社員たちと共有しているからこそ、よりジャストフィットな提案や質問ができる。これが長く関わったコンサルタントが発揮できる資産価値です。

このことを認識しているコンサルタントは、**「専門知識や最新の情報の提供で価値を発揮しよう」と考えるのではなく、「クライアントのことを、クライアント以上に正しく語れるようになろう」**になり、ますますその価値を高めていきます。

顧客がコンサルに見せてほしいのは、新たな情報やノウハウではなく○○だ！

〝上から目線で教える〟「先生型」コンサルタントの契約期間は、およそ半年から1年で終わる傾向にあります。

それは本書でお伝えしてきた通り、クライアントである社長は、そもそも「人から上から目線で教えられたくない人たち」だからです。

そんな人たちにとって、それは不快な体験です。それがどうしても必要なうちは我慢しますが、経営がそれなりに軌道に乗り、我慢する必要がなくなれば、不快を排除したくなるもの。

さて、この「先生型」コンサルタントがクライアントに見せようとするのは、「新たな情報やノウハウ」です。ところが今の時代、その分野の第一人者による本や教材は豊富にあり、必要な情報はほぼ安価で手に入ります。

したがって、「コンサルタント自身が実践をしていない、聞きかじった程度の表面的な知識や情報、ノウハウに高いお金を払うくらいなら、1500円の本、あるいは2万~3万円の教材で十分だ」と社長たちは感じています。

その一方で、〝見落としていた盲点に気づかせる〟ことを主軸とする「パートナー型」コンサルタントがクライアントに見せようとするのは、新たな情報やノウハウではありません。

では、ここで質問です。

「パートナー型」コンサルタントがクライアントに見せるものは何でしょうか?

言い換えれば、顧客がコンサルタントに見せてほしいものは、いったい何でしょうか?

それは、**「クライアントにとっての、次のテーマは何か」**です。

たとえば、それまでのコンサルは会社のあり方を定めるために、ビジョンやミッションを言語化し、行動指針であるクレドを策定してきた、つまり、〝あり方の再構築〟がテーマだったとしましょう。

その会社にとって、次のテーマは何か、をコンサルタントは常にイメージしておくのです。そして、コンサル契約の更新時などの節目にそれを提案できるようにしておきます。

コンサルトーク

「この1年間の御社のテーマは〝あり方の再構築〟でしたね。そして次の1年間の御社のテーマは、〝あり方の幹部社員への浸透化〟だと考えますが、社長はどのように思われますか？」

というように。自分が漠然と感じていることを、先取りして言葉にして伝えてくれたとき、クライアントはコンサルタントに対して、「よくわかってくれているな」と信頼を寄せてきます。

この、フォーカスするツボがピタッと合っているかズレているかが、長い付き合いになるか否かに大きく影響してきます。

では、「次のテーマ」を見つけるには、どんな工夫をすればいいのでしょうか。

それは、**「次の展開はどんなだろう？」と1カ月に1回、コンサル終了直後の1分間でいいので意識的にイメージ**することです。

毎月のコンサルティングにおいて、「今」に集中することはもちろん大切。
同時に、12カ月先、少なくとも6カ月先までのおおまかな流れをイメージしておくことも大切です。

さらに言うと、この発想の応用編として、「コンサルしながら営業する」発想が持てると、営業がグンとラクになります。僕が独立当時にやっていた、あるクライアントの事例を紹介します。

それは、社員が十数人の映像制作会社でした。「幹部社員に財務知識をつけさせ、もっと経営者感覚を持たせたい」という社長のリクエストに応えて、2時間の財務研修を月に2回、3カ月間の計6回シリーズ、コンサル報酬は月額10万円で行いました。

当時、経験の浅い20代の僕としても、正直言って、これはさほど高額な報酬ではないと感じていました。なぜなら、実際には準備にかなり時間がかかるので、時間単価にすると1万円を切っていたからです。

当時でも「時間単価2万円は確保したい」と考えていたので、普通に考えると、「これは割に合わない仕事だ」と考えてしまうこともできたでしょう。

しかし、この仕事は僕にとって大いに意義のある仕事だと考え、積極的に取り組むことができました。それは、僕が単に真面目だからとか、プロに徹したとか、そういうことではありません。

では、なぜか。

それは僕が、単なる**研修とはとらえず、「3カ月後に継続コンサルティングを受注するためのお困りごとリサーチである」ととらえていた**からです。つまり、

「この3カ月でこの会社が抱える『お困りごとトップ3』を見抜き、3カ月後に月額15万円で継続的に関与するシナリオをつくろう。そして、社長や幹部に高く評価してもらい、『ぜひ今後もサポートを続けてほしい』と言われる関係性を構築しよう」

と考えたのです。するとこの財務研修は、「本来の研修としての仕事」に加えて、「個別コンサルティング受注に向けた営業活動」という意味合いを持ち始めます。

すなわち、**「お金をいただきながら、営業活動ができる」**わけです。

こんな美味しい話はないと思います。

これも「次のテーマ」を考えながら目の前のコンサル（この場合は研修）をする、という発想の一例です。

ブレイクスルーのカギは、「カリキュラム目線」から、「お困りごと目線」への転換

僕が養成塾でお会いするコンサルタントから多くいただく質問の1つに、

「その他大勢の同業のコンサルタントに埋もれずに、クライアントから選ばれるためにはどうすればいいですか？」

というものがあります。実は、こうした質問をする人に共通点があります。それは、自分が扱うテーマを「カリキュラム目線」でとらえているということです。

カリキュラムとは、「人事労務」「財務管理」「営業」「マーケティング」「組織構築」「FP」というような、資格試験などで教科書に書いてある分類のことです。

たとえば、「私の専門は営業です」とか「FPの上級資格を持っています」というような発言をする人は、「カリキュラム目線」で顧客と対話をしています。

この目線で仕事をすると、正直大変だと思います。なぜなら、ライバルが非常に多いからです。

ライバルが多いということは、それだけ価格競争も激しくなり、「忙しいのに儲か

らない」という消耗戦になりがち。しかも、後発であればあるほど、経験年数でも実績でも先輩には勝ちにくい。

それでも、属するものがあったほうがなんとなく安心なので、「何かいいことがあるんじゃないか」と期待をしながらその分野の団体に所属しているものの、「そうでもないかも」と感じ始めていたりします。

一方で、価格競争から離れた世界で、やりがいと充実感を満喫しながら仕事をしているコンサルタントがいます。

彼らは、カリキュラム目線ではない、別の物差しで世の中を見ています。

それは、「お困りごと目線」です。

つまり、自分がサポートしたい見込み客が、どんなお困りごとを抱えているか、という物差しで世の中を見ているのです。

図にすると、次ページの通りです。カリキュラム目線は縦割りになっています。

それに対して、お困りごと目線は、横割りです（283ページの図参照）。

たとえば、「半年以下で資金ショートが確実な会社」を対象に行う「事業再生コンサル」は、縦軸には収まりません。なぜなら、どれか1つのカテゴリーではなく、財

「カリキュラム目線」は縦割りかつ教科書なアプローチ

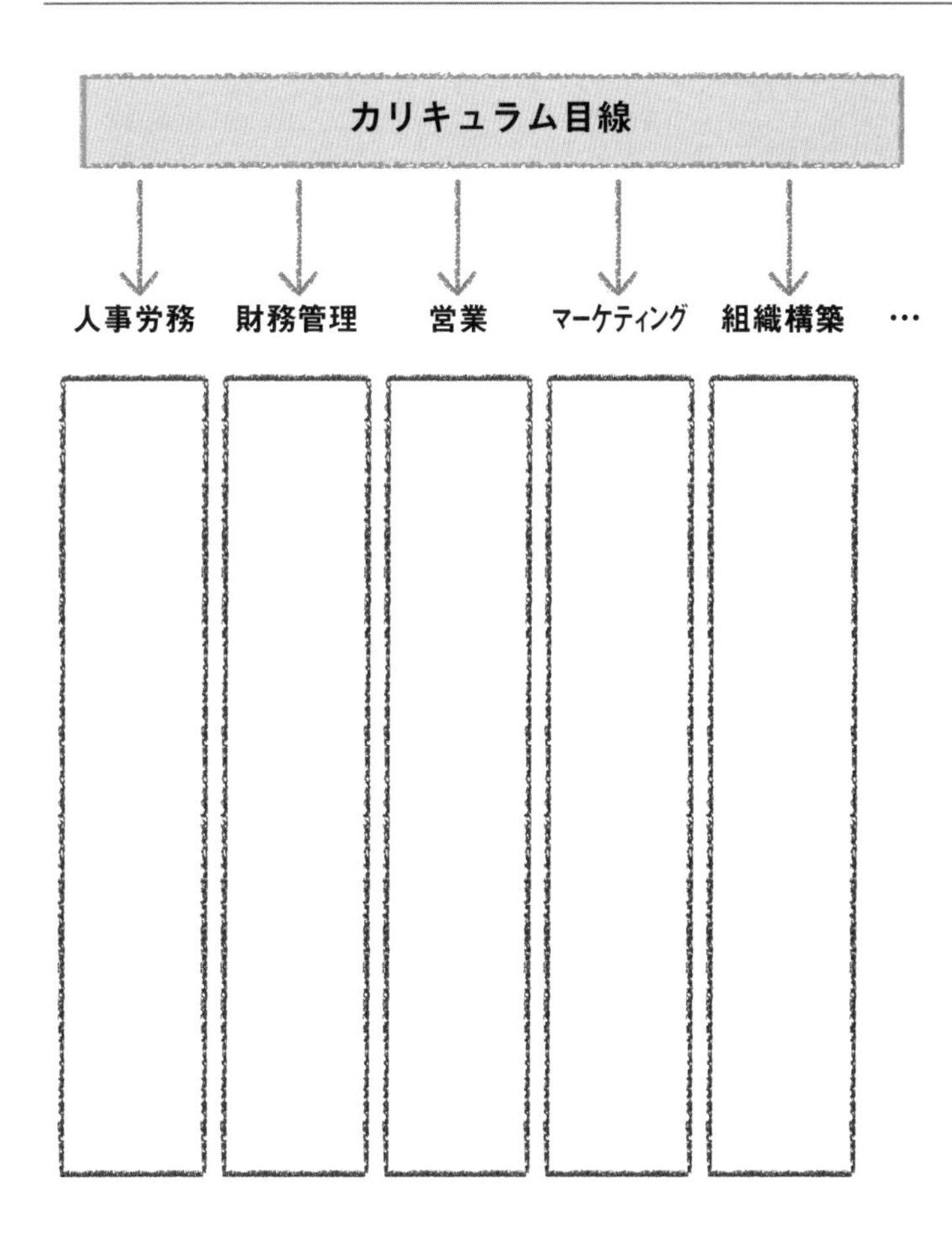

務、営業、組織構築など複数のカテゴリーをまたがないと実行できないからです。

つまり、横軸でぶった切ると、複数のカテゴリーをまたぐことになります。

「親から子への円満な事業承継支援」も同様に、横割りの「お困りごと目線」です。

また、僕が実践している「ビジョンとお金を両立させるビジョナリーパートナー型コンサルティング」も同じです。ビジョン構築、キャッシュフロー経営、マーケティング、営業、組織構築など、複数のカテゴリーを横断しながらコンサルしています。


ただ、「カテゴリー目線」で「キャッシュフロー経営」専門のコンサルをしている人と比べると、キャッシュフロー経営そのものに関する知識量はおそらく専門家のほうが豊富でしょう。

なので、そこで勝負をしたら、僕は負けるはずです。

それでもありがたいことに、これまで17年間、クライアントから指名され続けているのは、社長が関心があるのは「キャッシュフロー経営の専門知識」ではなく、「ウチの会社のお困りごとを解決する手段」だからだと考えています。クライアントである社長にとっては、そのために必要な知識だけあればいい。

つまり、ジャストフィットな情報量を持っていればいい、ということです。

「お困りごと目線」は横割りかつ相手の立場で考えるアプローチ

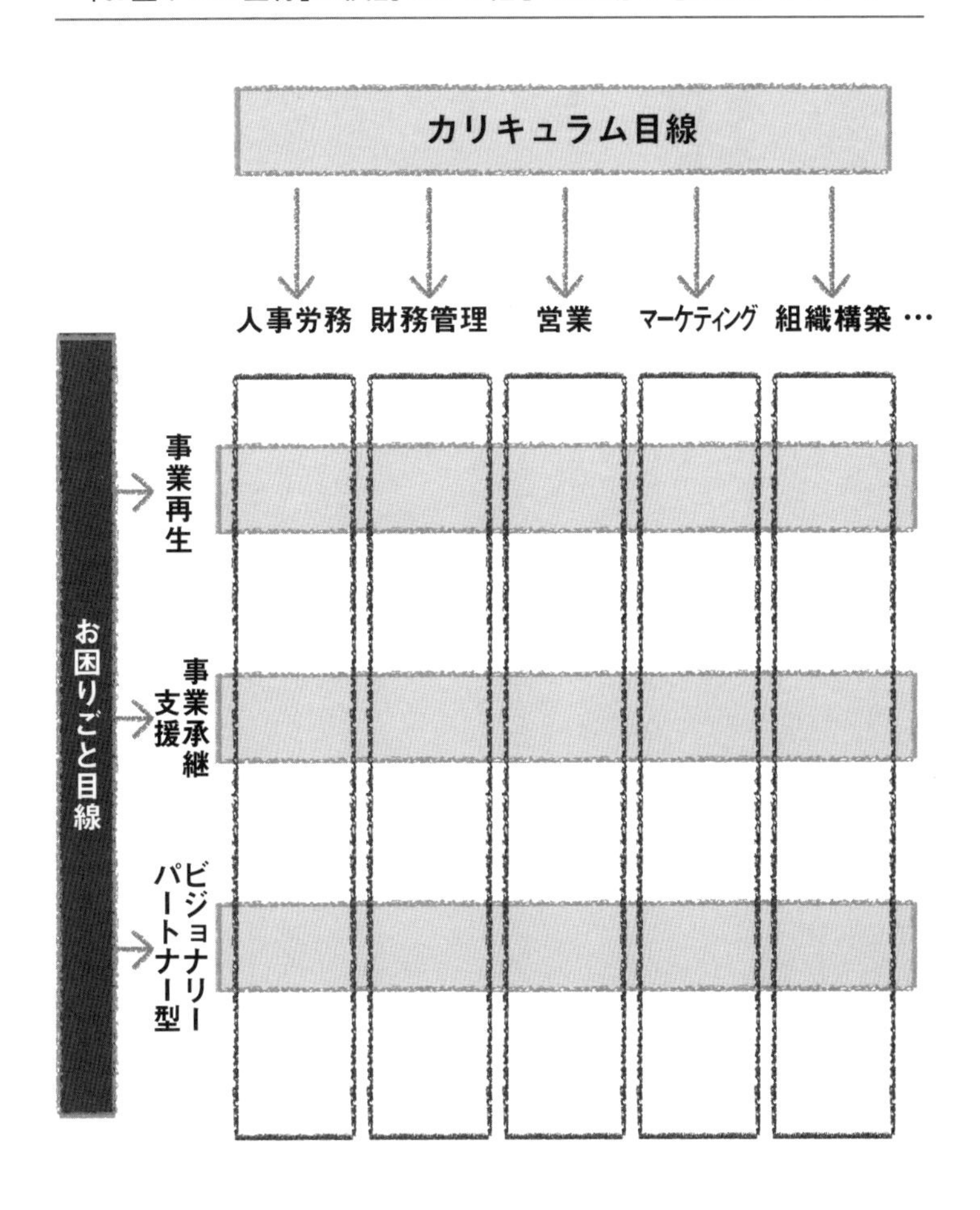

クライアントに対して大きな**影響力を発揮する人は、「カリキュラム目線」で習ったことを、「クライアントのお困りごと目線」で再構築している**ようです。

それが、いわゆる「相手の立場で考える」ということなのでしょう。

ところで、この「カリキュラム目線」から「お困りごと目線」へのチェンジは、実はとてつもなく大きなパラダイムシフトなので、おそらく本書を1回読んだだけではピンと来ない人も正直多いと思います。

それでも、本書を2回、3回と繰り返し読んでいくことで、その意図が腹落ちできるに違いありません。

そのとき、「あり方」の大転換が起こり、あなたのコンサルティングに大きなインパクトをもたらすことと信じています。

長期契約が続くことで「見える世界」とは

27歳で独立して以来、独立系コンサルタントとして17年間やってきた僕だからこそ、感じることがあります。それは、**長期契約型のコンサルティングには、人生が投影さ**

れるということです。

半年や1年なら、勢いだけでいけます。言葉は悪いですが、自分のよい面だけをクライアントに見せて、逃げ切れます。

ところが、3年、5年、そして10年以上の長い付き合いになると、お互いに全人格が丸見えになります。そんななかで、いかに価値を提供し続けるか。そのカギを最後にお伝えしたいと思います。

コンサルティング契約を長期間続ける上で大切なこと。

それは、**クライアントとコンサルタントの成長スピードが合っていること**です。

コンサルタントが停滞していて、クライアントは伸び盛り、という組み合わせは長くは続きにくい。クライアントが「物足りないな、もっと刺激が欲しい」と感じてしまうからです。

逆もしかりで、コンサルタントが伸び盛りで、クライアントは停滞、という組み合わせも同じことです。

コンサルタントにとって物足りなさを感じるだけでなく、クライアントも「ちょっと圧迫感があるな」「なんだか自分が劣等生みたい」と、居心地の悪さを感じるからです。

季節に春夏秋冬があるように、人生にもビジネスにも長期的に見れば、一定のサイクルがあると僕は思います。いかにその流れを感じ取り、自分に合うクライアントを引き寄せるか。

そのはじめの一歩は、実はクライアントの「次のテーマ」を見つける以前に、コンサルタントが自分自身の「次のテーマ」を見出し続けること、そこが問われているように感じます。

飽くなきチャレンジを続けるコンサルタントに対して、クライアントは信頼と尊敬を寄せ、またその期待に応えようとしてコンサルタントも成長し続ける。

クライアントはコンサルタントを映し出す鏡です。

お互いに尊敬しあえる関係をみなさんが構築していく一助に、本書がなれたら幸いです。

おわりに

最後まで読んでくださり、ありがとうございます。

2014年7月に前作『コンサルタントの教科書』を出版した時に、周りの友人やコンサルタント仲間、そして塾生たちから大きな反響をいただきました。それは、一言で言うと、

「ここまで公開しちゃって大丈夫なんですか!?」

というものでした。

僕はこの言葉を、最高の褒め言葉として受け取っています。そして、このような不安をよそに、僕があえて出し惜しみなく自分のノウハウを書き尽くす理由を、最後にお伝えしたいと思います。

出版を通じて「同業者にコンサル成功の秘訣を公開して、わざわざライバルを増や

す」ように見える行為にも、ちゃんと僕なりの意図があります。実は、僕自身のミッションとスタンスにつながっているのです。

僕のミッションは、**「自分のビジョンを実現しながら人のビジョン実現化を応援し、その影響力の範囲を最大化する」**というもの。

つまり、自分が実践してうまくいったことを他の人に伝えて、そのビジョンの実現に貢献することは、僕のミッションにかなっているのです。

一方で、僕はコンサルタントを社員として雇う気がありません。なぜなら、本書で提唱している「パートナー型」コンサルタントは、雇われている立場ではなく、自らが事業主の立場であるからこそ、社長と対等な関わりができる、と信じるからです。

つまり、僕に雇われている限り、「パートナー型」コンサルタントにはなれないということです。

社員を雇わない理由は、ほかにもあります。

一昔前なら、影響力を発揮する手段は、「〝社内〟に社員数を増やし、会社を大きくすること」でした。しかし今は「〝社外〟に信頼できる同志を増やし、共に成長し合うコミュニティを形成する」ほうが、変化の激しい時代に合っているし、また僕のスタンスとも相通ずる気がするのです。

本書では、「パートナー型」コンサルタントの最大の商品である「対話術」の中身について、具体的なトークとその根底に流れるマインドまでを明らかにして、読者のみなさんがすぐに再現できるように試みました。

あなたが本書の内容を実践して成果が出た時には、ぜひご一報いただけるとうれしいです。そのとき僕は、本書を出版した甲斐があったと実感できることと思います。そして、いつの日か、読者であるあなたとセミナーやイベントなどで直接お会いできることを楽しみにしています。

著者から読者のみなさんへ特別なプレゼントがあります！

本書では、僕がコンサルの現場で実践してきた数々の対話術の中で、特に成果を実感したものを選んで紹介してきました。

ただ、実際の対話にはストーリーがあり、その流れの中だからこそ、クライアントの質問や投げかける言葉がインパクトを持つという面もあります。たとえば、

「どんな前提の上での、やりとりなのか」

「声のトーンやリズム、間（ま）はどんな感じなのか」

「コンサルタントの質問や発言に対するクライアントの反応は、どうだったのか」

といったことは文字にしづらいので、書籍では伝え切れないところもあります。

そこで、本書の読者限定で、僕のコンサル上の対話を再現した音声データを特典としてプレゼントします。

具体的には、月1回30分で相談に乗っている「電話顧問サービス」でのクライアントとの対話の中で、読者のみなさんに役立ちそうなやりとりを、クライアントの快諾を得て提供するものです。

この特典は、期間限定で公開する特設サイト（http://wani-mc.com/consultaiwa）

にアクセスしていただければ入手できます。ダウンロードしそびれた、ということがないように早めのアクセスをお勧めします。
本書のノウハウをコンサルの実践でどのように使っているか、音声を通じて確認してみてください。みなさんのビジネスが加速し、成果を手にされることを願っています。

コンサルタントのみなさんと、そのクライアントになる方々が、最適な関係でコンサルテーションをスタートできるきっかけに、この特典が役立てれば幸いです。

ビジョナリーパートナー　和仁達也

【著者紹介】

和仁　達也（わに・たつや）

◉——1972年生まれ。経営者のビジョンと金銭面の成功を支援するビジョナリーパートナー。（株）ワニマネジメントコンサルティング代表取締役。

◉——月給25万円のサラリーマンから独立し、経営コンサルタントに。月１回訪問・月額15万円からスタートし、今では月額30万円以上の顧問先を複数抱え、年間報酬3000万円を軽く超える人気コンサルタントに。顧問契約が長く続く「パートナー型」コンサルティングの手法で、継続実績は平均７～10年。なかには16年以上支援しているクライアントも存在する。この高額報酬で長期契約が続く「パートナー型」コンサルティングを学びたいコンサルタントや士業が殺到し、養成塾や合宿は、常時満員御礼。教材も爆発的に売れている。

◉——ミッションは、「自分のビジョンを実現しながら、周りのビジョン実現化を応援する」こと。とりわけ、「社長と社員の立場の違いからくるコミュニケーション・ギャップ」を解消するノウハウには定評がある。「難しいことを、わかりやすく楽しく」解説する能力が買われ講師に抜擢された品川女子学院（高校）の授業は、テレビ番組『カンブリア宮殿』で紹介された。

◉——著書に『〈決定版〉年間報酬3000万円超えが10年続くコンサルタントの教科書』（かんき出版）のほか、7.1万部のロングセラー『世界一受けたいお金の授業』（三笠書房）、『キャッシュフロー経営って？』（デンタルダイヤモンド社）、『超★ドンブリ経営のすすめ』（ダイヤモンド社）など多数がある。

■公式サイトhttp://www.wani-mc.com/

〈特別版〉年間報酬3000万円超えが10年続く
コンサルタントの対話術　〈検印廃止〉

2015年８月３日　第１刷発行
2015年８月25日　第２刷発行

著　者——和仁　達也Ⓒ
発行者——齊藤　龍男
発行所——株式会社かんき出版
東京都千代田区麹町4-1-4 西脇ビル　〒102-0083
電話　営業部：03(3262)8011㈹　編集部：03(3262)8012㈹
FAX　03(3234)4421　振替　00100-2-62304
http://www.kanki-pub.co.jp/

印刷所——ベクトル印刷株式会社

乱丁・落丁本はお取り替えいたします。購入した書店名を明記して、小社へお送りください。ただし、古書店で購入された場合は、お取り替えできません。
本書の一部・もしくは全部の無断転載・複製複写、デジタルデータ化、放送、データ配信などをすることは、法律で認められた場合を除いて、著作権の侵害となります。
ⒸTatsuya Wani 2015 Printed in JAPAN
ISBN978-4-7612-7109-1 C0034